EXERCÍCIOS PARA A ALMA

Dados Internacionais de Catalogação na Publicação (CIP)
(Câmara Brasileira do Livro, SP, Brasil)

Exercícios para a alma / tradução de Gabriela
  Freudenreich ; ilustrações de Jean Augagneur ;
  Petrópolis, RJ : Vozes, 2017.

  Título original : Der Seelenfreude Kalender
  ISBN 978-85-326-5605-6

  1. Autoajuda 2. Autoconhecimento 3. Exercícios
  4. Reflexões I. Augagneur, Jean.

  17-08275   CDD-158.1

Índices para catálogo sistemático:
1. Autoajuda : Psicologia aplicada   158.1

EXERCÍCIOS PARA A ALMA

TRADUÇÃO DE
Gabriela Freudenreich

ILUSTRAÇÕES DE
Jean Augagneur

EDITORA VOZES

Petrópolis

© Éditions Jouvence S.A.
Chemin du Guillon 20
CH-1233 – Bernex
http://www.editions-jouvence.com
info@editions-jouvence.com

Da edição alemã:
© 2016 Trinity Verlag in der
Scorpio Verlag GmbH & Co. KG, München

Título original em alemão: *Der Seelenfreude Kalender*

Direitos de publicação em língua portuguesa – Brasil:
2017, Editora Vozes Ltda.
Rua Frei Luís, 100
25689-900 – Petrópolis, RJ
www.vozes.com.br
Brasil

Todos os direitos reservados. Nenhuma parte desta obra poderá ser reproduzida ou transmitida por qualquer forma e/ou quaisquer meios (eletrônico ou mecânico, incluindo fotocópia e gravação) ou arquivada em qualquer sistema ou banco de dados sem permissão escrita da editora.

CONSELHO EDITORIAL

Diretor
Gilberto Gonçalves Garcia

Editores
Aline dos Santos Carneiro
Edrian Josué Pasini
Marilac Loraine Oleniki
Welder Lancieri Marchini

Conselheiros
Francisco Morás
Ludovico Garmus
Teobaldo Heidemann
Volney J. Berkenbrock

Secretário executivo
João Batista Kreuch

Diagramação: Victor Mauricio Bello
Revisão: Francine Porfírio
Ilustrações de miolo e capa: Jean Augagneur
Capa: Idée Arte e Comunicação

ISBN 978-85-326-5605-6 (Brasil)
ISBN 978-3-95550-073-3 (Alemanha)

Editado conforme o novo acordo ortográfico.

Este livro foi composto e impresso pela Editora Vozes Ltda.

Exercício 1

AUTOCONHECIMENTO

Seja autoconfiante!

Então você está aí, em algum lugar do globo terrestre – uma pessoa no meio de bilhões de outras – e, ainda assim, você é único, insubstituível! Jamais existiu outra pessoa idêntica a você, com as mesmas habilidades e igual genética. Portanto, a sua vida é extremamente valiosa! Só você é capaz de contribuir para este mundo com tudo o que é, com tudo o que sabe.

DESAPEGO

Exercício | **2**

Faxina para quê?

- Você adquire uma melhor visão geral dos seus bens!
- Você volta a encontrar coisas!
- Você ganha tempo e energia!

Procure encontrar, neste quarto, o seu controle remoto, as suas chaves e as suas meias listradas!

Exercício 3

ATENÇÃO PLENA

"A meditação que impede uma expansão da mente leva este nome, mas é apenas um relaxamento. São poucos os que reconhecem a natureza da mente, poucos os que alcançam a paz de espírito e compreensão profunda."

(MILAREPA, AS CEM MIL CANÇÕES)

Sentimentos desagradáveis

Ao confrontar um problema, você provavelmente experimentará sentimentos desagradáveis, não lute contra eles. Procure perceber o que está sentindo e o modo como seu corpo reage a isso – sem pensar em nada. Simplesmente aceite estes sentimentos e suas sensações como algo que é parte de você, a vida que pulsa em seu interior.

Exercício | **5**

RELAXAMENTO

Para refletir e colorir

Desde os pequenos prazeres até os grandes sonhos, o que nos preenche com profunda alegria é a capacidade de desfrutar, lembrar e amar as coisas boas da vida.

AMIZADE

Exercício | 6

Eu também penso em mim!

Livre-se das expectativas que os outros têm de você. É gratificante agradar aos outros, desde que nós mesmos não fiquemos para trás. Por outro lado, quando conseguimos fazê-lo sem deixar de pensar em nós mesmos, é como ganhar asas.

Exercício 7

FELICIDADE

Avalie os seus conhecimentos sobre a felicidade!

Sim ou não?

	Sim	Não
1. Ganhadores de loteria são mais felizes a longo prazo.	( )	( )
2. O nosso potencial de felicidade é genético.	( )	( )
3. A felicidade é uma escolha.	( )	( )

Solução:

1. Não: Estudos comprovam que, uma vez passada a euforia, ganhadores de loteria não são mais felizes que os outros. Um ano após o jogo ganho, o efeito positivo sobre a felicidade já desapareceu.

2. Sim: A propensão ao sentimento de felicidade é parte da nossa personalidade. Fala-se de loteria genética, mas certamente podemos influenciar a nossa predisposição.

3. Sim: Podemos influenciar o quão felizes somos (até 40%, segundo pesquisas).

Um exercício de atenção plena: conduzir conversas com cautela

- Observe o seu impulso de falar, de dizer algo. Se for o caso, conscientize-se do seu medo de expressar-se incorretamente.
- Respire com atenção e, então, assuma a palavra.
- Observe o que acontece em sua mente e em seu corpo quando está falando, depois se dedique a perceber e aceitar suas conclusões.

Exercício 9

FELICIDADE

O que importa na vida

"O que nos alegra é o despertar para a nossa verdadeira natureza."

(ECKHART TOLLE)

AUTOCONHECIMENTO

Exercício | **10**

Você sabia?

Ho'oponopono é uma expressão de origem havaiana e significa "endireitar algo", "retornar à perfeição". Segundo os ensinamentos do Ho'oponopono, temos um entendimento errado da realidade porque a nossa percepção está distorcida ou turvada por incontáveis lembranças e programas inconscientes do nosso passado. Para readquirir uma visão clara, precisamos limpar continuamente estes filtros que turvam a nossa percepção. A prática tradicional do Ho'oponopono convida-nos a reencontrar a conexão com o divino que há em cada um de nós.

Exercício | **11**

AMIZADE

Finalmente livre dos sentimentos de culpa

Uma maneira de se despedir dos sentimentos de culpa é aceitar a liberdade do outro.

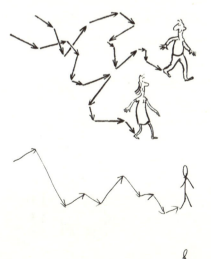

Desenhe as linhas de acordo com o caminho que deseja percorrer em relação à outra pessoa.

ATENÇÃO PLENA

Exercício 12

Exercício de meditação: contar a respiração

Quando o nosso consciente está muito agitado, há uma técnica simples para contê-lo através da meditação: contar a respiração.

- A cada expiração, conte em silêncio, tendo em mente o número em questão durante todo o período no qual estiver soltando o ar — conte "1" até o final da expiração, e então comece novamente: "2", "3" e assim por diante...
- No "10", pare de contar e expire naturalmente.
- Observe a mudança que ocorreu em sua mente.

Exercício 13

AUTOCONHECIMENTO

A autoestima...

...é construída no contato com outras pessoas: os **pais**, a **família**, os **amigos**, os **professores**. Todos influenciam o modo como alguém percebe a si mesmo.

ATENÇÃO PLENA

Exercício | **14**

Viver o momento

"O momento atual, o agora, é o único momento em que realmente vivemos."

(JON KABAT-ZINN)

Exercício 15

RELAXAMENTO

Dê um pouco de descanso à sua mente e relaxe!

Viaje com um lápis até o labirinto da Catedral de Notre-
-Dame de Amiens, na França, que decora o piso da igreja.

Desenhe sempre ao longo da linha preta.

SENTIMENTOS

Exercício | **16**

Caminhos para a felicidade

"Se desejas ser feliz, exercite a compaixão."

(14º DALAI LAMA)

Exercício | **17**

DESAPEGO

Faça uma faxina na sua rotina!

Em uma folha de papel, anote tudo — de material e imaterial — que o incomoda, que rouba sua energia, que o enfurece, tal como: tarefas domésticas, bagunça, papéis que precisam ser arrumados, contas a serem pagas, roupa a ser lavada, declaração do imposto de renda, conta bancária no vermelho, objetos quebrados, cansaço ou falta de tempo.

AMIZADE — Exercício | 18

Liberte-se de mágoas sofridas!

Existem alguns truques para dizer adeus às ofensas. Reflita sobre as mágoas sofridas e faça as seguintes perguntas a si mesmo:

1. O outro realmente quis me magoar? Talvez não tenha sido esta a intenção. Acabei sendo o alvo, mas, quem sabe, foi apenas o seu mau humor que o levou a fazer coisas que eu percebi como ofensa e maldade.

2. O que realmente sei sobre a motivação mais profunda das pessoas que me magoaram?

Exercício | **19**

SENTIMENTOS

"Guardar raiva é como segurar um carvão em brasa com a intenção de atirá-lo em alguém. É você que se queima."

(BUDA)

ATENÇÃO PLENA

Exercício | 20

Exercício de atenção: conscientize-se da sua ausência

Faça uma lista de todas as suas atividades, desde a hora em que acordou até o presente momento. Quantas destas atividades você realizou com atenção plena, sem pensar em outra coisa?

Você consegue estimar o seu grau de concentração e o que fez (ou pensou) simultaneamente?

Por exemplo:

Atividade	Grau de atenção consciente durante a atividade	O que você fez ou pensou simultaneamente?
Levantar da cama	5%	Planejei o meu dia
Tomar café	15%	Divaguei e li o jornal
...	...	...

Exercício | **21**

FELICIDADE

O que é a felicidade?

"Felicidade é ter alguém que poderíamos perder."

(PHILIPPE DELERM)

AMIZADE

Exercício | **22**

Perdoar e encontrar a si próprio

O perdão é um caminho interior de libertação.
Perdoar significa dar vários passos em um caminho acidentado:

1. Aceitar o fato de ter sido magoado.
2. Conscientizar-se de ter perdido algo como, por exemplo, autoestima ou confiança em alguém, e sentir esta perda.
3. Aceitar os próprios sentimentos (raiva, tristeza, medo).
4. Começar a perdoar a si mesmo.
5. Virar a página.

Exercício | **23** SENTIMENTOS

Oração da serenidade

"Senhor, conceda-me a serenidade de aceitar as coisas que não posso modificar, coragem para modificar aquelas que posso, e sabedoria para distinguir umas das outras."

(ATRIBUÍDO A REINHOLD NIEBUHR)

DESAPEGO

Exercício | 24

Faça uma faxina!

Separe imediatamente os presentes que ganhou de Natal e que não lhe servem. Se as coisas novas o alegraram, verifique se estas podem substituir outros objetos, mais antigos. Isto se aplica principalmente a brinquedos infantis.

E do que você se desapegou até agora?

....

....

Exercício 25

AUTOCONHECIMENTO

Como você se percebe?

Sim ou não?

	Sim	Não
1. Você tenta esconder os seus sentimentos?	( )	( )
2. Você sente vergonha de sua aparência?	( )	( )
3. Você sente alívio quando outras pessoas cometem falhas?	( )	( )
4. Você se sente bem na relação próxima com outras pessoas?	( )	( )
5. Você procura por desculpas para não precisar mudar?	( )	( )

Solução: Caso tenha respondido à maioria das perguntas com "sim", convém adotar uma percepção mais positiva de si mesmo.

FELICIDADE

Exercício | 26

O que faz você feliz?

"O trabalho é imprescindível à felicidade humana."

(ARTHUR SCHOPENHAUER)

Exercício | 27  ATENÇÃO PLENA

Pensamentos contagiantes

Os nossos pensamentos divagam a atenção: distraímo-nos com lembranças, com devaneios, com coisas que "precisam ser resolvidas", isto é normal. Portanto, não se iniba de "perder o rumo" com os seus pensamentos e, principalmente, não tente impedi-los! A arte da atenção consiste na percepção consciente do fato de ter sido arrastado pelos seus pensamentos e sempre "retornar" em seguida, conectando-se com um objeto de concentração (por exemplo, a respiração). Esta capacidade de atenção é o começo da viagem que nos afasta e traz de volta.

SENTIMENTOS

Exercício 28

Exercício *zen*: contra o estresse

- Boceje! Bocejar é um excelente exercício contra o estresse! Fingir o bocejo gera os mesmos reflexos fisiológicos automáticos de relaxamento que um bocejo de verdade.
- A cada vez que perceber um aumento da sua tensão interna e uma sobrecarga da sua mente, abra a boca e boceje!
- Quanto mais extensivamente você bocejar, mais rapidamente o seu corpo relaxará e a sua mente ficará pronta para agir.

Exercício

FELICIDADE

A felicidade tem muitas faces

A sua lista pessoal de momentos mais felizes: associe as seguintes formas de felicidade às colocações 1 a 4.

- Viver momentos de alegria intensa: casamento, nascimento de uma criança, comemorações etc.
- Estar tranquilo e em paz internamente, aconteça o que acontecer.
- Estar satisfeito com o que eu tenho e com o modo como vivo.
- Fazer coisas de que gosto.

AUTOCONHECIMENTO

Exercício | 30

Chega de adiamentos!

Se você tende a adiar as coisas, sua autoestima pode ser prejudicada. **Crie coragem**, e pare de adiar tudo para amanhã. Não espere para começar apenas quando estiver motivado; a motivação virá por si mesma conforme o andamento das suas atividades. Mais algumas dicas:

- Planeje-se!
- Quando você começará?
- Com o quê?

Exercício | 31 SENTIMENTOS

Uma droga lícita

O médico e autor de *best-seller* sueco, Stefan Einhorn, chega à seguinte conclusão em suas pesquisas: "O ato de doar ou cooperar com outras pessoas tem uma relação fisiológica com o sentimento de felicidade. Assim, temos um motivo egoísta para sermos generosos. Ações de bondade agem em nosso corpo como drogas sem efeito colateral".

AUTOCONHECIMENTO Exercício | **32**

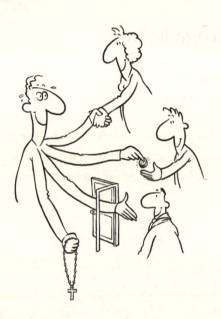

"Não importa o que fizeram com você,
mas aquilo que você faz com aquilo que
fizeram com você."

(JEAN-PAUL SARTRE)

Exercício

DESAPEGO

Desapegue-se!

Desapegar-se não significa deixar de cuidar dos outros. Significa saber que o outro é o outro, e que cada um é responsável pela sua própria vida.

Desapegar-se não significa afastar-se das outras pessoas, mas deixar de controlá-las.

ATENÇÃO PLENA

Exercício | **34**

O que você sabe sobre a meditação de atenção plena?

Certo ou errado?

	Certo	**Errado**
1. O objetivo da meditação é reprimir pensamentos desagradáveis.	( )	( )
2. A meditação é um exercício exclusivamente autocentrado.	( )	( )
3. São necessários acessórios como incensos, por exemplo, para meditar corretamente.	( )	( )
4. Só é possível meditar em silêncio.	( )	( )

Solução: A resposta para as afirmações 1 a 4 é sempre "errado"; trata-se de uma lista de preconceitos sobre a meditação de atenção plena.

Exercício | 35   SENTIMENTOS

Entrar no papel de outra pessoa

Pense em alguém que você gosta e anote as qualidades que preza nesta pessoa. Em seguida, escolha uma música que lhe agrada e, durante cinco minutos, dance e fale como se estas características fossem suas. E, principalmente, sinta como se estas qualidades já fizessem parte de você!

RELAXAMENTO | Exercício | **36**

Para refletir e colorir

"Procure fazer o que gosta da forma que sabe, e desfrute deste momento. Às vezes, basta respirar e sentir o ar entrando em seus pulmões."

(ANNE VAN STAPPEN)

Exercício | **37**  ATENÇÃO PLENA

Você sabia?

Ao **exercitar** a **atenção plena**, podemos influenciar e modificar as nossas estruturas cerebrais para aumentar o bem-estar e a qualidade de vida.
Estudos – principalmente com monges budistas que passaram por um exame de ressonância magnética durante a meditação – revelam alterações mensuráveis nas áreas responsáveis pela memória, autoestima, empatia e estresse.

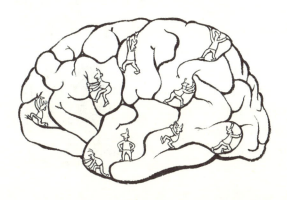

FELICIDADE

Exercício

Uma aula de felicidade: seja generoso!

Pratique boas ações e perceba quanta alegria e satisfação brotarão delas:

- Pagar um café para um amigo.
- Lavar a louça.
- Doar sangue.
- Visitar uma pessoa doente.
- Ajudar uma pessoa na resolução de um problema com o computador.
- Ajudar um estranho a entrar no ônibus.

Exercício | 39

AMIZADE

A complexidade da comunicação

A imagem ilustra a dificuldade da comunicação. Ambas as pessoas alcançaram os cumes de suas respectivas montanhas seguindo, cada uma, o seu próprio caminho, e ambas veem apenas o "seu" lado do pinheiro localizado entre as montanhas.
A imagem nos ensina a identificar o nosso lado do pinheiro da forma mais objetiva possível, e a descrevê-lo para o outro — mantendo o respeito por seu ponto de vista.

Exercício | **40**

Desapegue-se!

Desapego não significa tornar-me indiferente e egoísta, mas aceitar que darei atenção ao que me diz respeito e me pertence.

Desapego significa estar de acordo com a realidade, até mesmo quando ela não corresponde ao que eu desejo.

Desapego não significa lamentar o passado e temer o futuro, mas viver inteira e plenamente no presente.

Exercício AUTOCONHECIMENTO

A arte de ser bom para si mesmo

A arte de ser bom para si mesmo inclui cinco habilidades.
Pinte a paleta como quiser, nas cores a que cada habilidade o inspira.

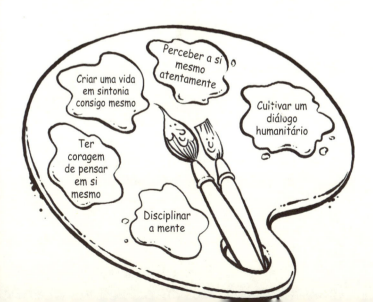

"A emoção é o instante em que o aço golpeia a pedra, produzindo uma faísca: eis porque a emoção é a fonte principal de toda tomada de consciência."

(CARL GUSTAV JUNG)

Exercício

AMIZADE

As seis necessidades básicas

Segurança: sensação de segurança física, mas também material ou moral.

Estímulo: vivenciar estímulos físicos (saborear uma boa comida, ter contato físico) ou mentais (ideias criativas, aprendizado).

Necessidades afetivas e sociais: troca com outras pessoas, amor, amizade, pertença a uma comunidade.

Valorização e reconhecimento: percepção de valor e competência, de existir aos olhos de outras pessoas.

Autonomia: capacidade de decisão para si mesmo, ter certa liberdade de escolha.

 Sentido, sensação de coerência e consistência: percepção de que a vida é coerente e faz sentido.

A questão da felicidade

"Não desejes que as coisas do mundo andem conforme a tua vontade, mas que tudo que acontece aconteça como acontece, e então serás feliz."

(EPÍTETO)

Exercício

RELAXAMENTO

Para refletir e colorir

A rosa selvagem, que floresce no campo, é um símbolo da autoestima.

Reserve um pouco de tempo e pinte as flores, folhas e caules com várias cores.

AMIZADE

Exercício

Atenção!

Tendemos a esperar uma postura diferente dos outros, ao invés de expressar claramente as nossas necessidades — o que, inevitavelmente, gera confusão e uma série de tensões. As nossas exigências e desejos ("ele não deve mais sair à noite", por exemplo) são sempre fundamentados em uma necessidade subliminar (a necessidade de se sentir valorizado e reconhecido, por exemplo). As nossas expectativas são apenas os meios para atender a esta necessidade. Se, no entanto, expressarmos as nossas necessidades, os outros terão a possibilidade de reagir da melhor forma que puderem ao que é importante para nós.

O QUE SERÁ QUE ELE QUER DE MIM?

Exercício

DESAPEGO

Exercício de atenção plena: desapego

Desapegar-se significa parar de lutar, não se agarrar mais àquilo que já não podemos mudar.

- Feche a sua mão direita em punho bem cerrado. Observe atentamente como se sente neste momento.
- Em seguida, abra a mão lentamente.
- Perceba a diferença.

ATENÇÃO PLENA

Exercício 48

Quão consciente você está da sua vida?

Dizem que, quando um sapo é colocado em uma panela com água fria a ser aquecida lentamente, ele se adapta, fica letárgico, acostuma-se à temperatura crescente e, por fim, acaba cozido... Por outro lado, quando é jogado repentinamente em água muito quente, o sapo se salva dando um grande salto.

E você? Quão consciente você está das mudanças de temperatura no "banho da vida"? O conforto material, do qual somos reféns, deixa-o inerte? Você está condicionado por hábitos enraizados? Quão consciente você está da sua vida?

Exercício RELAXAMENTO

Recursos que preenchem o desejo por reconhecimento

Procure encontrar o máximo de recursos possível para atender às seguintes necessidades:

Necessidade de dar um sentido à minha vida.

Recursos: ....

Necessidade de relacionamentos.

Recursos: ....

Necessidade de independência.

Recursos: ....

SENTIMENTOS

Exercício | **50**

Você sabia?

O termo **emoção** origina-se da palavra em latim **exmovere** ou **emovere**, que significa "mover-se para fora" ou "colocar em movimento". Em um sentido mais amplo, "emoção" descreve aquilo que nos move interna e externamente. Trata-se de uma manifestação física relacionada à percepção de um acontecimento à nossa volta (externo) ou em nosso espaço mental (interno). A cada microssegundo, o nosso cérebro recebe bilhões de informações relativas à percepção, ao processamento e à regulação de emoções. Estas informações, por sua vez, influenciam outros fenômenos psicológicos, como a memória ou a linguagem (verbal e não verbal).

Exercício | **51**

FELICIDADE

"Quando não se tem
o que se ama, é preciso amar
o que se tem."

(SERGE GAINSBOURG)

AUTOCONHECIMENTO

Exercício | **52**

O que é autoestima?

Se quisermos resumir a autoestima em dois pontos principais, seriam...

1. ...a percepção de sua capacidade pessoal;
2. ...a convicção interior de ser uma pessoa valiosa.

Exercício | **53**

ATENÇÃO PLENA

Exercício de atenção plena: perceber as próprias posturas corporais

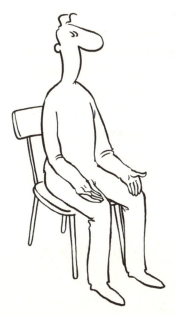

- Sinta plenamente a sua postura. Não a mude imediatamente. Sentado, procure perceber as partes de seu corpo que tocam o assento e o chão. Há regiões tensas?

Observe a sua postura diversas vezes ao longo do dia, enquanto estiver sentado, e conscientize-se dela.

SENTIMENTOS

Exercício 54

Você sabia?

Nos anos 1970, o psicólogo americano Paul Ekman identificou seis **emoções básicas** de acordo com o seu efeito sobre a musculatura da face. Segundo ele, estas emoções primárias estão presentes em todas as pessoas, de todas as culturas, e podem ser identificadas em todo o mundo graças às expressões faciais características que compõem uma espécie de linguagem das emoções. As seis emoções básicas definidas por Ekman são: **raiva**, **temor**, **repugnância**, **alegria**, **tristeza** e **surpresa**.

Exercício | **55**  DESAPEGO

Faça uma faxina!

O inverno oferece a oportunidade de preparar ensopados que precisam cozinhar por muito tempo. E por que, enquanto isso, não aproveitar para colocar a cozinha em ordem e separar todos os aparelhos de que não precisa mais?

Caso você goste de se acomodar no sofá e assistir a um filme, escutar música ou curtir um jogo de tabuleiro, planeje arrumar a estante de CDs e DVDs e o armário de jogos.

E do que você se desapegou até agora?

....

....

AUTOCONHECIMENTO
Exercício 56

A flor de Ho'oponopono

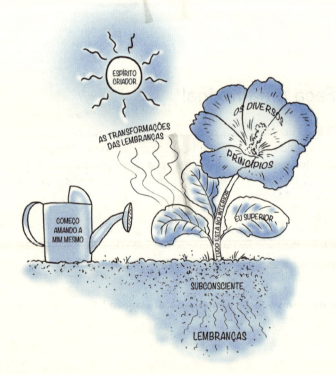

Exercício | **57** SENTIMENTOS

Minha lista de sentimentos

É possível que você já tenha feito, alguma vez, listas de suas músicas preferidas (melancólicas, alegres, animadas, românticas...).

Agora elabore uma lista com os sentimentos mais frequentes em sua vida:

1. ....
2. ....
3. ....
4. ....
5. ....
6. ....

ATENÇÃO PLENA

Exercício 58

Exercício de atenção plena: o "*scan* corporal"

O objetivo deste exercício é (re)estabelecer o contato com o corpo e ancorar-se no momento atual.

- O exercício é realizado na posição deitada. Acomode-se.
- Sinta plenamente o seu corpo, o seu peso, como ele está ancorado no chão, sua posição no espaço. Conscientize-se da sua respiração, da entrada e saída do ar.
- Reserve um momento para sentir as partes que estão em contato com o local sobre o qual está deitado – o gramado, a manta...
- Percorra todas as partes do corpo como se você fosse um visitante que, durante um passeio, descobre cada um dos locais pela primeira vez.
- Sinta a sua respiração em todo o corpo; perceba como as sensações mudam.

Exercício | **59**

FELICIDADE

A arte de viajar

"A verdadeira viagem do descobrimento não consiste em procurar novas paisagens, mas em ver com novos olhos."

(MARCEL PROUST)

AUTOCONHECIMENTO

Exercício | 60

Exercício Ho'oponopono: "Eu te amo"

O amor é a maior força do universo. Os nossos rivais não estão fora de nós. As nossas principais inimigas são as **lembranças**, e a melhor forma de transformá-las é amá-las, pois: "amando os seus inimigos, você deixa de tê-los". Diga **"lembranças, eu amo vocês"**, e veja como, pouco a pouco, elas se desfarão.

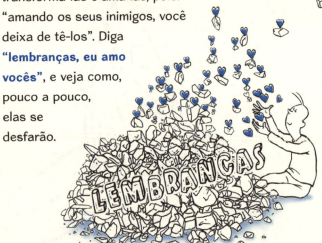

Exercício | 61  DESAPEGO

A caminho das coisas importantes da vida

Se a sua rotina está entupida de inúmeros objetos, tarefas, excesso de coisas das quais você depende, a cada dia, a sua vida é mais e mais soterrada. Assim como o trânsito intenso em uma rua superlotada, este monte de entulho entope aspectos muito importantes da sua vida. Os pensamentos sobre os valores que lhe são relevantes não conseguem mais fluir livres e facilmente.

Anote, em cada uma das pedras, o que impede você de dar espaço a aspectos importantes de sua vida.

Exercício 62 — ATENÇÃO PLENA

"Dirija o teu olhar para dentro de ti, e mil regiões encontrarás ali, inexploradas na profundidade da tua mente. Percorra-as e torna-te mestre da tua cosmografia."

(HENRY DAVID THOREAU)

Exercício | SENTIMENTOS

Você sabia?

Em 2009, uma meta-análise realizada pela University College London confirmou a relação entre sentimentos de raiva mal resolvidos e um infarto do coração. Resultados individuais do estudo revelaram que pessoas que lidam bem com os seus sentimentos têm maior probabilidade de manterem-se saudáveis, viverem por mais tempo e sustentarem relações sociais enriquecedoras.

AMIZADE

Exercício | **64**

Você é um bom amigo?

O seu comportamento revela se a sua vida social é harmoniosa ou complicada. Duas respostas são possíveis.

A filha de uma amiga se casará. Como você reage?

1. Não tenho nada para vestir. ❏
2. Eu detesto casamentos, inventarei uma desculpa. ❏
3. Eu explico a ela que prefiro encontrar o casal em outra ocasião, menos formal. ❏
4. Ótimo, uma oportunidade para comemorar. ❏
5. Há muito tempo ela deseja que sua filha encontre a felicidade e o amor... Estou contente e direi isso a ela! ❏
6. Não preciso necessariamente ir ao casamento, mas pensarei em uma resposta gentil e um presente. ❏

Solução: Se você gosta de comemorar, casamentos são uma excelente oportunidade. A(s) **resposta(s) 5** e/ou **6** demonstram a sua amizade.

Exercício

FELICIDADE

Felicidade diária

Lista de pequenas alegrias diárias das quais qualquer pessoa pode desfrutar:

- Montar um buquê de flores frescas.
- Pela manhã, abrir a janela e observar a luz do sol.
- Assistir ao seriado predileto na televisão.
- Tomar um sorvete no verão.
- Nadar com a família no rio.
- Comer espaguete com amigos.
- Observar o voo dos pássaros na primavera.

 SENTIMENTOS

Exercício 66

"Não devemos ter medo dos confrontos.
Até mesmo quando os planetas se chocam,
do caos nasce uma nova estrela."

(CHARLIE CHAPLIN)

Exercício

ATENÇÃO PLENA

Exercício de atenção plena

- Perceba, conscientemente, como o ar penetra e sai novamente de suas narinas. Perceba as sensações no abdome, e a entrada e saída do ar nos pulmões.
- Coloque uma mão sobre a barriga e sinta o movimento da respiração.

- Perceba, como um todo, as suas sensações corporais decorrentes da respiração. Os pensamentos estão invadindo a sua cabeça? Dirija a sua atenção cuidadosamente de volta à respiração. O objetivo não é controlar a respiração ou os pensamentos, mas apenas conectá-los com o momento atual.

SENTIMENTOS

Exercício |

Dê boas-vindas aos seus sentimentos!

Quando ignoramos os nossos sentimentos, fugimos deles ou, ainda, lutamos contra eles, contribuímos para uma piora do nosso desconforto em longo prazo. Além disso, isto nos impede de aprender com os nossos sentimentos, porque este processo somente se inicia quando começamos a aceitá-los e nos familiarizamos com eles. Permitir as próprias emoções é um caminho para a conscientização dos nossos automatismos e a criação de espaços livres em nossas vidas.

Exercício |

ATENÇÃO PLENA

"O melhor momento para a prática é sempre... agora."

(THICH NHAT HANH)

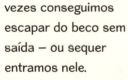

AMIZADE

Exercício | 70

Atenção!

Em um conflito, muitas vezes responsabilizamos os outros por nossos sentimentos e necessidades – e vice-versa. Julgamentos, interpretações e mal-entendidos fazem com que os dois lados travem um embate e entrem na defensiva – em geral, culminando em uma escalada do conflito.

A verdadeira comunicação, por outro lado, abre a possibilidade de assumir a responsabilidade pelos próprios sentimentos e necessidades. Assim, muitas vezes conseguimos escapar do beco sem saída – ou sequer entramos nele.

Exercício

FELICIDADE

Lição de felicidade: pense positivo!

A felicidade também é um modo de **ver as coisas,** ou seja, fruto dos nossos **pensamentos.** É o modo como pensamos a respeito de determinados acontecimentos e os observamos – eis uma escolha consciente.

Mude a sua forma de pensar: seja mais otimista!

ATENÇÃO PLENA

Exercício | **72**

Exercício de atenção plena: vivenciar uma atividade habitual atentamente

Escolha uma atividade corriqueira, algo banal como, por exemplo, escovar os dentes. Decida realizar esta atividade de forma plenamente atenta durante uma semana. Na semana seguinte, troque a atividade.

- Preste atenção no modo como segura a escova de dente.
- Perceba o sabor da pasta de dente, a textura das cerdas.
- Conscientize-se de quão difícil pode ser ficar "sozinho, frente a frente" durante três minutos com a sua escova de dente. Se a sua atenção divagar, recupere-a e prossiga.

➸ Em quanto tempo você começou a pensar em outra coisa?

➸ Quantas vezes você perdeu o foco?

Exercício | **73** AUTOCONHECIMENTO

Seja bom com você mesmo!

Entre outras coisas, cultive um **diálogo humano...**

- ...comunicando-se de forma sincera e determinada (expressando o que o move, sem agredir, julgar ou criticar o outro).
- ...ouvindo o outro com empatia e respeito, e respondendo a ele (esforce-se para compreender o outro e procure fazê-lo se sentir compreendido, independentemente de como ele se expresse).
- ...expressando a sua gratidão ou agradecendo a si mesmo.

SENTIMENTOS Exercício | **74**

O epitáfio

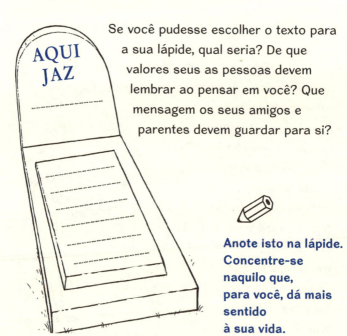

Se você pudesse escolher o texto para a sua lápide, qual seria? De que valores seus as pessoas devem lembrar ao pensar em você? Que mensagem os seus amigos e parentes devem guardar para si?

Anote isto na lápide. Concentre-se naquilo que, para você, dá mais sentido à sua vida.

Exercício RELAÇÃO AMOROSA

Você sabia?

Ao contrário do que se espera, não é a quantidade ou a frequência de conflitos o **melhor indicador para o sucesso ou fracasso de uma relação**. Segundo cientistas, a chave está mais na relação entre as interações positivas e negativas: é preciso uma série de interações positivas para compensar uma interação negativa. Uma série de 3:1 parece ser o limite mínimo para que as relações sejam bem-sucedidas. No entanto, não há impeditivo para que este número seja até mesmo inferior!

FELICIDADE   Exercício | 76

Livre-se dos equívocos!

Cada círculo contém uma ideia equivocada de felicidade.
Leia os textos e reflita sobre eles. Em seguida, recorte os círculos, amasse-os e jogue-os com determinação no lixo.

A felicidade consiste em mudar de ambiente: mudar as nossas circunstâncias de vida nos faz felizes.

A felicidade é algo que pode ser encontrado: basta encontrar as pessoas certas no lugar certo para ser feliz.

A pessoa é ou não é feliz. Não dá para escolher ser feliz; as coisas são como são.

Exercício | **77** | AUTOCONHECIMENTO

Perceber a si mesmo

Diz-se "ame ao próximo como a si mesmo", no entanto, muitas pessoas esqueceram "a si mesmas" e comportam-se mais como robôs.

Autoconhecimento significa aprender a estar "no próprio corpo" e a respeitar os seus próprios sentimentos.

Exercício de atenção plena: perceber sem julgar

- De pé, diante de um espelho, observe o seu rosto.
- Descreva-o da forma mais objetiva e imparcial possível. Não é fácil, não é mesmo? Estamos tão acostumados a avaliar tudo — começando por nós mesmos.
- Registre cada característica que percebeu e retorne para a descrição, para a observação.

Exercício | 79

DESAPEGO

Faça uma faxina!

Em dias de sol, e você tem vontade de colocar as suas mãos para trabalhar. No entanto, procure manter-se fiel a si próprio e despeça-se do casaco de tricô que não terminou desde o nascimento do seu filho (que agora já tem oito anos).

Arranque os velhos novelos de lã em tons gritantes das agulhas, assim como jogue fora os pincéis cujas cerdas estão caindo e as tintas ressecadas.

E do que você se desapegou até agora?

....

....

FELICIDADE

Exercício | 80

Avalie os seus conhecimentos sobre a felicidade!

Sim ou não?

	Sim	Não
1. A felicidade é mais uma questão de estado de espírito do que um momento de alegria.	( )	( )
2. A beleza é uma fonte de felicidade.	( )	( )
3. Pessoas religiosas, em geral, são mais felizes que os ateus.	( )	( )

Solução: 1 – Não. Ambos são componentes da felicidade e fazem parte dela como dois lados de uma medalha. **2 – Não.** Pessoas que passaram por uma cirurgia plástica, depois de algum tempo, não se descrevem como sendo mais felizes do que antes – a não ser que tivessem más-formações graves. **3 – Sim.** Pessoas que levam uma vida espiritualizada, em geral, sentem-se mais felizes do que os ateus. Pertencer a uma religião oficial não é um fator determinante.

Exercício | **81**

SENTIMENTOS

Prepare a primavera!

"No outono, reuni todas as minhas preocupações e enterrei-as no meu jardim.
E quando o mês de setembro retornou, e a primavera chegou para casar-se com a terra,
cresciam belas flores em meu jardim, incomparáveis com todas as outras flores."

(ADAPTADO, DE KHALIL GIBRAN)

Exercício contra o freio da "felicidade rotineira"

Decida fazer as coisas de forma consciente, e não apenas rotineira, para aprender a valorizá-las melhor.

- Eu regularmente troco de lugar na mesa de jantar (ou cama de casal).
- De tempos em tempos, mudo tudo de lugar em minha casa.
- Eu experimento novos restaurantes.
- Eu busco novos caminhos até o meu local de trabalho.

Exercício | **83**

RELAXAMENTO

O nó infinito

Relaxe por um instante. Sente-se confortavelmente e deixe o seu olhar vagar sobre o centro deste nó infinito.

AMIZADE

Exercício

"Não se esqueça:
ao apontar o dedo para alguém,
três dos seus dedos estão apontando
para você mesmo."

(PROVÉRBIO AFRICANO)

Exercício SENTIMENTOS

Exercício *zen*: contra o estresse

Seja *zen*! "Atenção plena no aqui e agora" não apenas é o estado *zen* por excelência, como também a melhor ferramenta contra o estresse. Sempre que sentir um aumento do seu nível de estresse, acompanhe cada uma de suas ações mentalmente com este exercício.

- Ao andar, diga para si mesmo internamente "estou andando"; ao preparar o café da manhã, diga para si mesmo internamente "estou preparando o café da manhã"; ao entrar no carro, diga para si mesmo internamente "estou entrando no meu carro"; e assim por diante.
- Muito fácil? Experimente...

DESAPEGO

Exercício | 86

Para momentos difíceis

Em situações difíceis como doença, separação ou luto, à primeira vista, o desapego parece impossível. Mas os ensinamentos da sabedoria chegaram à seguinte conclusão: o sofrimento das pessoas surge porque elas se opõem aos fatos.

Reserve um tempo para colorir este texto.

A resistência contra aquilo que é causa sofrimento.

Exercício

ATENÇÃO PLENA

O círculo vicioso

"O pensamento vive em um círculo vicioso.
Ele cria problemas para si mesmo e, em seguida,
procura solucioná-los."

(SWAMI PRAJNANPAD)

SENTIMENTOS — Exercício 88

Perceber melhor os sentimentos

Procure lembrar-se de uma situação em que você vivenciou um sentimento, e pergunte-se:

Se o meu sentimento fosse um animal, seria...
Se o meu sentimento tivesse uma cor, seria...
Se o meu sentimento tivesse uma forma, seria...
Se o meu sentimento tivesse uma textura, seria...
Se o meu sentimento tivesse um cheiro, seria...
Se o meu sentimento fosse uma personalidade histórica, seria...

Exercício

AMIZADE

Expresse gratidão!

"A gratidão é o próprio paraíso."

(WILLIAM BLAKE)

SENTIMENTOS

Exercício | 90

Que valores são importantes para você?

Viver os próprios valores significa expressar, através do seu comportamento diário, o que realmente lhe importa, para empenhar-se ativamente por aquilo que dá sentido à vida.

Anote os três valores mais importantes para você ao lado da árvore.

....

....

....

Exercício

AUTOCONHECIMENTO

A flor Ho'oponopono

O caule da flor, "Tudo está no interior", lembra-nos de que esta é a premissa básica do Ho'oponopono, sem a qual não podemos prosseguir. Sem caule, a flor cresceria torta ou simplesmente não conseguiria manter-se ereta.
O Ho'oponopono convida a nos orientarmos novamente para dentro.

ATENÇÃO PLENA

Exercício 92

Exercício de atenção plena: pensamentos difíceis

Quais são os cinco pensamentos negativos que mais passam pela sua cabeça? Aprenda a reconhecê-los o mais rápido possível! Veja, lá vem o meu pensamento nº 2: "É sempre culpa minha!". Ah, o meu pensamento nº 1 chegou: "O mundo é realmente terrível!". Ao perceber a aproximação destes pensamentos e observá-los, você terá a chance de afastar-se deles — e os pensamentos passarão a ter menos poder sobre você.

Os meus Top 5
1. ....
2. ....
3. ....
4. ....
5. ....

Exercício |

AUTOCONHECIMENTO

Seja bom com você mesmo!

Entre outras coisas, é preciso **disciplinar** a sua **mente**:

- Libertando-se de avaliações e sua transformação em sentimentos e desejos (transformar "aquilo de que o acuso" em "aquilo que eu desejaria").
- Reconhecendo e desfrutando, da melhor forma possível, da beleza de cada instante.

RELAXAMENTO | Exercício | **94**

Para refletir e colorir

"Para alegrar-se com a vida é preciso mudar da tensão para a atenção."

(GURUMAYI CHIDVILASANANDA)

Exercício | 95   AMIZADE

Compensação

Cite exemplos de interações negativas e compense-as através de interações positivas.

 FELICIDADE

Exercício 96

É tudo uma questão de ponto de vista

"Ao transformar o modo como você observa as coisas,
as coisas que você observa se transformam."

(WAYNE D. DYER)

Exercício

AUTOCONHECIMENTO

Você cuida de si mesmo?

Autopercepção significa estar "em seu corpo" e sentir as suas emoções.
Você, por vezes, funciona como um robô (eu penso, eu ajo)?

- Quando?
- Em que situações?
- Com quem?
- Este fato tem efeito positivo sobre o seu equilíbrio interior?

Ao observar as suas respostas, em que questões gostaria de trabalhar?

Eu penso

Eu ajo

Eu penso
Eu me percebo
Eu gostaria
Eu ajo

DESAPEGO

Exercício

Quão "entupida" está a sua vida?

Ao pensar em algo entupido, muitas vezes nos ocorrem coisas materiais. No entanto, diversas áreas de nossas vidas podem estar entupidas.

Marque tudo que, em sua opinião, está entupido em sua vida – se necessário, complemente a lista.

- ❏ A sua agenda.
- ❏ Os seus armários, a sua casa, coisas das quais você depende.
- ❏ A sua agenda de telefones.
- ❏ A sua caixa de entrada.
- ❏ O seu tempo livre.
- ❏ O seu escritório / seu local de trabalho.
- ❏ As suas lembranças.
- ❏ Os seus relacionamentos.
- ❏ O seu relacionamento amoroso.
- ❏ O seu cérebro.
- ❏ A sua caixa de e-mails.
- ❏ O seu cinzeiro.
- ❏ A sua geladeira / o seu estômago.
- ❏ A sua lixeira.
- ❏ ....
- ❏ ....
- ❏ ....

Exercício ATENÇÃO PLENA

Exercício de atenção plena: tocar

O tato provavelmente é o sentido com o qual melhor nos conectamos. Afinal, a pele é o órgão corporal com a maior superfície!

Concentre-se em três sensações: na próxima vez que for tomar um banho de chuveiro, perceba atentamente a sensação da esponja, das gotas de água caindo e da espuma em sua pele.

SENTIMENTOS Exercício | **100**

Em que está pensando agora?

Pare por um instante e anote, nos balões, todos os pensamentos que lhe vêm à cabeça neste momento – da forma como aparecerem.

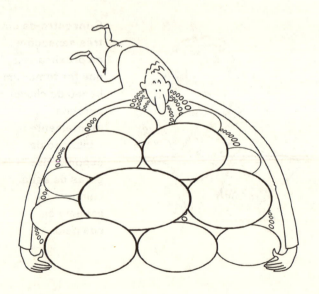

Exercício

AMIZADE

Você sabia?

Além da gratidão, o altruísmo e a gentileza são outros meios para se desenvolver emoções positivas e fazer coisas boas — para si mesmo e para outras pessoas. Pesquisas revelaram: a gentileza não apenas faz com que nos voltemos para os outros, mas também nos torna mais felizes, menos depressivos e estressados.

FELICIDADE

Exercício | **102**

"A felicidade não vem automaticamente [...];
depende unicamente de nós.
Ninguém se torna feliz da noite pro dia, mas
com trabalho paciente, dia após dia.
A felicidade é conquistada,
e isto requer esforço e tempo."

(LUCA E FRANCESCO CAVALLI-SFORZA)

Exercício 103

ATENÇÃO PLENA

Perceber a si próprio

Sinta o contato de seus pés com o chão ou das costas no encosto. Ou simplesmente volte a sua atenção para a sua mão. Perceba se está quente ou fria, dormente, formigando etc. Ou sinta como o ar entra e sai dos pulmões. Volte a sua atenção durante dois minutos para a sensação que pretende explorar. Permaneça atento a si e perceba o efeito deste exercício para o seu corpo.

Exercício | **104**

FELICIDADE

Prazer diário

Lista de pequenas alegrias diárias que qualquer pessoa pode desfrutar:

- Passear sozinho em meio à natureza.
- Reencontrar os colegas na segunda-feira de manhã e conversar sobre o final de semana.
- Beber uma boa taça de vinho.
- Dar uma volta de motocicleta.
- Curtir um cinema com a pessoa amada.
- Consertar os brinquedos quebrados dos filhos.

Exercício | **105** ATENÇÃO PLENA

Exercício de atenção plena: escutar

Estamos sempre envoltos por ruídos de muitas vozes, mas estamos realmente atentos?

- Volte a sua atenção para três ruídos à sua volta: o ventilador, um cachorro latindo, o ranger da cadeira quando você se mexe.
- Escute, sem julgar, e perceba a experiência surgindo. Se repentinamente surgirem pensamentos, lembre-se da passagem de volta: retorne sempre ao ruído em questão!

SENTIMENTOS — Exercício 106

Você consegue se perceber?

Na autoempatia, reservamos algum tempo para nos voltarmos para dentro e perceber o que acontece ali. Para tal, fazemo-nos duas perguntas:

- Como me sinto?
- O que eu quero nesta situação?

Permaneça nestas perguntas até obter clareza interior e/ou sentir um alívio do mal-estar.

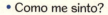

Exercício | 107

ATENÇÃO PLENA

"Sinta o mundo de verdade
antes de tentar criar uma ideia
a respeito dele."

(CHRISTOPHE ANDRÉ)

DESAPEGO

Exercício | **108**

Faça uma faxina!

Considerando o ditado "*April macht was er will*"[1], aproveite para verificar as roupas de inverno de seus filhos e separar o que já ficou pequeno.
Calmamente, verifique as sandálias e dê uma boa arrumada no conteúdo da sapateira.

E do que você se desapegou até agora?

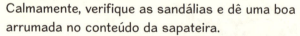

....

....

---

[1] "*April macht was er will*" é uma rima rica que significa "o mês de abril faz o que quer", uma referência ao tempo instável desta época do ano na Europa Continental, marcado por muitas chuvas.

Exercício | **109** AUTOCONHECIMENTO

A flor Ho'oponopono

Encher o regador: "eu começo a amar a mim mesmo".
Se quisermos que a flor cresça, devemos regá-la diariamente com o nosso amor. Mas como seria possível regar uma flor com um regador vazio? Portanto, comece amando a si mesmo e, apenas então, quando estiver neste estado de amor, também poderá amar verdadeira e completamente. Você enche o seu regador! E decide amar a si mesmo!

DESAPEGO — Exercício | **110**

Ocupar-se ao invés de preocupar-se

Não há nada melhor do que atividades emocionantes para espantar as preocupações. Encontre aquelas que sejam suficientemente interessantes para que consiga utilizar bem a sua energia mental. Estas atividades têm as seguintes características:

- Elas exigem concentração.
- Elas representam um desafio, não são demasiado fáceis.
- Elas fazem as distrações e preocupações desaparecerem.

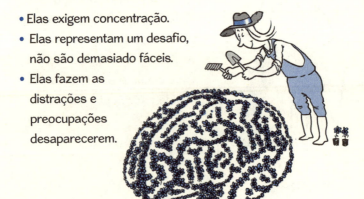

Exercício | 111  ATENÇÃO PLENA

Exercício de atenção plena: bondade amorosa

- Na primeira nuvem de corações, cole a foto de uma pessoa de quem gosta; anote o primeiro nome dela ao lado.
- Na segunda nuvem, cole uma foto sua; e na terceira, a foto de uma pessoa com quem tem dificuldades.
- Envie, aos três, um pensamento de bondade amorosa.

AMIZADE | Exercício | 112

Fazer o bem ao próximo com gentileza

Uma ideia para alegrar o mundo a cada dia através da sua gentileza:

- No próximo mês, faça registros de suas ações e palavras gentis. Voltar a ler estes registros o tornará mais feliz!

Registre um gesto a cada raio de sol.

Quarta-feira: ....

Terça-feira: ....

Quinta-feira: ....

Segunda-feira: ....

Sexta-feira: ....

Sábado: ....

Domingo: ....

Exercício | **113**  SENTIMENTOS

Perceber a si mesmo

Conecte-se com as suas sensações corporais.
Comece nas pontas dos pés e percorra todo o corpo.

**Escolha cores diferentes
para cada sensação e pinte
a figura.**

Tenso: ....

Relaxado: ....

Agradável: ....

Doloroso: ....

Difícil: ....

Fácil: ....

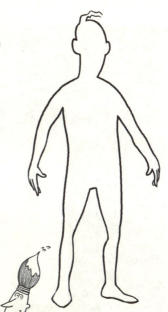

FELICIDADE

Exercício | 114

Lição de felicidade: mude o seu jeito de falar!

Substitua palavras pessimistas por termos otimistas com significado parecido.

~~falha~~	lição
obstáculo	desafio
impossível	pouco provável
catástrofe	grande aborrecimento
fracasso	um ensinamento
incompetente	não corresponde às minhas expectativas

(Aqui, as suas palavras.)

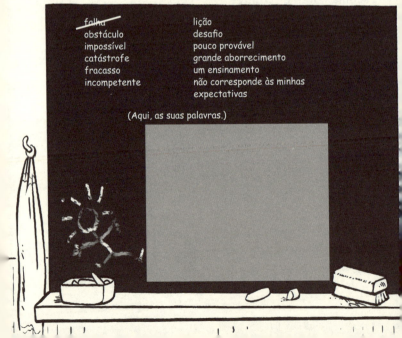

Exercício | **115** | DESAPEGO

Desapegue-se!

Certamente, você já se livrou de lastros desnecessários.

De que você se desapegou? Anote tudo ao lado dos sacos de areia lançados.

ATENÇÃO PLENA

Exercício 116

Quebre a rotina

Não há nada pior do que permitir que a nossa vida seja determinada pela rotina. De fato, os hábitos têm a característica peculiar de fazer desaparecer a consciência do momento presente, de deixar a mente se desfazer no ar, de nos puxar para dentro de um círculo vicioso que gira cada vez mais rápido, fazendo com que percamos o contato com nós mesmos.

Exercício | **117** | RELAXAMENTO

"Permanecer sentado com
tranquilidade, não fazer nada...
A primavera virá,
a grama crescerá sozinha."

(PROVÉRBIO ZEN)

ATENÇÃO PLENA

Exercício 118

Exercício de atenção plena: saborear

O paladar pode nos afastar rapidamente do momento presente, todos nós conhecemos doces que despertam recordações da infância. Dizem que só é possível afirmar se uma criança gosta ou não de determinado alimento após dez tentativas. O preparo variado de uma refeição pode evitar que o nosso cérebro associe o alimento em questão a uma categoria e o rejeite a partir da razão, ao invés de relacionar a experiência ao momento presente e julgar com o paladar.

Experimente três alimentos ou pratos de que você não gosta. Não se esqueça: dez vezes!

Exercício | **119** | SENTIMENTOS

Respirar conscientemente

Imagine, agora, que você é uma pequena bolha de oxigênio que acabou de chegar às suas narinas, e concentre-se no caminho que irá percorrer. Siga-a em sua viagem!
Que sensações tem ao mergulhar no nariz?

FELICIDADE

Exercício | **120**

Lição de felicidade: desenvolva um olhar diferente!

Trata-se de ver as coisas pelo seu lado positivo.
Antes de chegar a conclusões negativas, pergunte-se:

- Que outro significado eu poderia dar a este acontecimento?
- Ele poderá resultar em algo bom?
- Através dele, poderei ter uma boa oportunidade?
- O que posso aprender para o futuro?

Exercício | **121** | ATENÇÃO PLENA

Apreciar

A atenção plena nos ensina a não passar despercebido pelas mil pequenas alegrias da vida, mas a:

- sentir o **calor** do sol na pele (com protetor solar e com medida, naturalmente);
- perceber as **cores** e os **aromas** dos diversos vegetais na feira;
- sentir a **felicidade** ao abraçar alguém que se ama.

AUTOCONHECIMENTO — Exercício **122**

Perceber a si mesmo

Pegue uma folha de papel A4 e, caso queira, recorte um coração, decore e escreva nele de que modo deseja desenvolver a autopercepção.

Nesta semana, estou determinado a me perceber considerando...

- Situação: ....
- Momento: ....
- Modo: ....

Pendure a folha de papel em um lugar bastante visível para você!

Exercício | **123** DESAPEGO

Uma sobrecarga comum

Você interiorizou mensagens antigas que lhe diziam "Seja perfeito!"? O perfeccionismo impede de satisfazer-nos com aquilo que produzimos, ou pior, sequer ousamos começar algo por não sermos suficientemente bons.

Aqui vem uma fada boa a lhe dizer:

"Você pode ser você mesmo e fazer o que quiser fazer. Expresse-se! Coragem! Despeça-se das mensagens antigas!"

FELICIDADE

Exercício | **124**

O que nos dá alegria de viver?

Certo ou errado?

	Certo	Errado
1. Ambientes equilibrados são propícios para a saúde física e emocional.	( )	( )
2. O álcool deprime.	( )	( )
3. A alegria da vida depende mais do que se tem, e menos do que se é.	( )	( )
4. O esporte tem efeito antidepressivo por estimular a liberação de endorfina.	( )	( )

Solução: As respostas das afirmações 1, 2 e 4 são "certo", e da afirmação 3 é "errado". Convém observar que, em curto prazo, o álcool pode melhorar o ânimo graças ao seu efeito desinibidor. Em longo prazo, ele deprime.

Exercício | **125** SENTIMENTOS

Como está lidando com os seus sentimentos e pensamentos?

Faça as seguintes perguntas a você mesmo, **regularmente**:

- Eu lido com uma situação difícil de vida EVITANDO os meus sentimentos e pensamentos negativos ou indo ao ENCONTRO de minhas necessidades e valores?
- Em longo prazo, qual o efeito da esquivança?
- De que modo posso criar espaço para o que eu vivencio e sinto?
- Que atitude poderia me aproximar das minhas necessidades e valores?

RELAXAMENTO | Exercício | **126**

Ladrões de tempo

A expressão "ladrões de tempo" já é bastante difundida. Ela se refere aos estudos do pesquisador americano Alec Mackenzie, que solicitou a membros de grupos profissionais totalmente diferentes que elaborassem uma lista de "ladrões de tempo". Segue um extrato de atividades, atitudes e posturas mentais que consomem tempo:

- Redes sociais na Internet
- E-mails
- Filas
- Trabalho doméstico
- Indecisão
- Conversas desnecessárias
- Perfeccionismo
- Organização insuficiente
- Rejeição a mudanças
- Cansaço e estresse

Exercício | **127**

Aprender a ver o lado bom das coisas

*"O pessimismo é humor,
o otimismo é vontade."*

(ÉMILE-AUGUSTE CHARTIER – ALAIN)

AUTOCONHECIMENTO — Exercício **128**

Aproxime-se de seus sonhos!

Pergunte-se o que deseja realizar diariamente em sua vida, então procure os meios para concretizar estes objetivos. "O que lamentamos não é o inatingível, mas o que é possível e não atingimos".

Exercício | **129**

ATENÇÃO PLENA

Exercício *zen*: colorir grãos de arroz e tranquilizar-se

Com este exercício, você pode exercitar a paciência e tranquilizar a sua mente.

Pinte os grãos de arroz com cores diferentes.

AMIZADE

Exercício | **130**

Provérbio

"Sempre resta um pouco de perfume nas mãos de quem oferece rosas..."

Exercício | **131** | SENTIMENTOS

Você sabia?

Há alguns anos, a abordagem de pesquisa da chamada **Psicologia Positiva** ou **Pesquisa da Felicidade** estuda as pré-condições para a realização pessoal de indivíduos e grupos. Até então, os sentimentos agradáveis praticamente não eram estudados, ou isso ocorria apenas em sua relação com uma condição de doença como, por exemplo, o efeito de um tratamento medicamentoso. A psicóloga americana Barbara Fredrickson comprovou que as emoções positivas ampliam a nossa atenção e nos tornam acessíveis a recursos complementares (com relação à saúde, criatividade, apoio social...).

FELICIDADE | Exercício | 132

Lição de felicidade: não faça comparações!

O método mais eficiente para a destruição da própria felicidade é fazer comparações. Seguem algumas contramedidas:

- Faça o seu melhor, sem se preocupar com o que os outros fazem e pensam.
- Se o demônio da comparação invadir as suas reflexões sem ter sido chamado, espante-o rapidamente!

Exercício | **133** AUTOCONHECIMENTO

Meus objetivos

Durante um minuto, anote pela manhã...

- ...como você quer se sentir hoje.
- ...o que você deseja obter hoje.
- ...o que você deseja realizar hoje.

Em seguida, reflita e sinta, durante três minutos, as emoções que teria se já tivesse obtido ou realizado o que deseja. Todas as noites, leia as suas anotações matinais sem chegar a conclusão alguma – apenas leia!

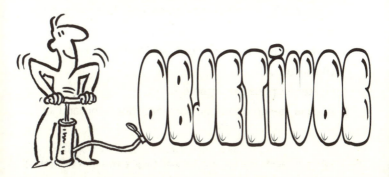

AMIZADE | Exercício | **134**

Você é um bom amigo?

O seu comportamento revela se a sua vida social é harmoniosa ou complicada. Diversas respostas são possíveis.

O telefone toca enquanto você está assistindo televisão. Como você reage?

1. Ah, não! Agora não! Não irei atender. ❑
2. A secretária eletrônica está ligada, mais tarde verei quem ligou. ❑
3. Em todo caso, dou uma olhada no identificador de chamadas. ❑
4. Eu atendo, pode ser urgente. ❑
5. Apenas atendo o telefone para dizer que retornarei. ❑

Solução: As respostas 3, 4 e 5 demonstram que a amizade lhe é mais importante do que o emocionante programa de TV.

Exercício | **135** SENTIMENTOS

Você sabia?

Os psicólogos americanos Emmons e McCullough comprovaram que pessoas que sentem muita gratidão, em geral, são mais felizes, otimistas, menos materialistas e mais altruístas do que outras pessoas.

Praticar a gratidão, aparentemente, também tem efeito positivo sobre a saúde.

RELAXAMENTO — Exercício **136**

Para refletir e colorir

"A noite é mais escura um pouco antes do amanhecer."

(ANNE VAN STAPPEN)

Exercício | **137**  AMIZADE

O seu melhor amigo

Você está à procura de amigos? Primeiramente, seja o seu próprio amigo!

Responda às seguintes perguntas a você mesmo e pendure o papel em um lugar visível.

- Sou uma pessoa amável porque:

....

....

- Se eu encontrasse a mim mesmo, gostaria de manter contato regularmente comigo porque:

....

....

FELICIDADE

Exercício | **138**

Você sabia?

Uma pesquisa com medalhistas dos Jogos Olímpicos revelou que os ganhadores de medalhas de bronze estavam mais felizes que os ganhadores de medalhas de prata. Por quê?

Resposta: Aqueles que conquistaram a segunda colocação compararam-se com os vencedores e, portanto, estavam decepcionados por não terem vencido; os que ganharam o terceiro lugar estavam felizes por terem, ao menos, subido ao pódio.

Exercício | **139** | AUTOCONHECIMENTO

A flor Ho'oponopono

Os nutrientes no solo do nosso subconsciente: uma flor alimenta-se através da transformação de nutrientes do solo. Uma planta desenraizada não consegue crescer. Da mesma forma, devemos nos enraizar em nosso mais profundo interior para poder alcançar uma altura maior. A transformação das lembranças guardadas, enterradas em nosso inconsciente, permite que cresçamos e nos desenvolvamos.

ATENÇÃO PLENA

Exercício | **140**

Exercício de atenção plena: o sorriso interior

- Sente-se confortavelmente, relaxe a mandíbula e abra ligeiramente a boca.
- Observe a sua respiração até que fique bem tranquila.
- Quando o seu corpo estiver relaxado, pouco a pouco, expresse um leve sorriso. Não um sorriso que sai pelos lábios, mas um sorriso que vem de dentro. Faça-o como se todo o seu ser sorrisse suavemente; como se o seu ventre sorrisse, e o seu sorriso iluminasse todo o seu corpo a partir dali.

Faça uma pausa em qualquer momento do dia e reencontre este sorriso.

Exercício | **141**  AMIZADE

A questão das necessidades

O que toca as pessoas com as quais convivemos é a profundidade das nossas necessidades e a capacidade de nos sentirmos bem com elas, sabendo que estas necessidades são legítimas.

DESAPEGO

Exercício 142

Faça uma faxina!

Os feriados prolongados encurtam as semanas, são os finais de semana passados com os familiares ou parceiros. Este é o melhor momento para separar livros e ficar apenas com aqueles que você ainda não leu ou gostaria de ler novamente. Com certeza, neste movimento de organização de sua biblioteca, você reencontrará algumas "pérolas" que tornarão desnecessária a sua ida à livraria antes da próxima viagem!

E do que você se desapegou até agora?

....

....

Exercício **143** — FELICIDADE

Lição de felicidade: seja grato!

Os efeitos positivos da gratidão são infinitos!

Expressar regularmente a sua gratidão por aquilo que recebe e vivencia é algo como uma **terapia milagrosa**.

AUTOCONHECIMENTO — Exercício 144

Quais são as suas características positivas?

Este exercício é de grande valia se você é uma pessoa tímida, mas deseja aproximar-se de outras. Veja algumas sugestões de características positivas.

Compre papéis *Post-it*® e preencha-os.

Eu sou...

- motivador, cheio de energia
- caloroso, gentil
- discreto, informações confidenciais ficam bem guardadas comigo
- disponível, confiável

Exercício **145** ATENÇÃO PLENA

O segredo da criatividade

"Somente uma mente vazia, livre de todo o conhecimento, é criativa."

(JIDDU KRISHNAMURTI)

AUTOCONHECIMENTO   Exercício | **146**

O que está por trás da diversão

Diversão e alegria são sinais de que uma ou mais necessidades do organismo foram atendidas.

- Necessidades físicas: oxigênio, comida, bebida, calor, sono etc.
- Necessidades psicológicas: segurança, respeito, apreço, inspiração, reconhecimento, confiança etc.

Diversão e alegria são fontes de motivação...

Exercício | **147** SENTIMENTOS

Alegre-se com as coisas rotineiras!

Uma forma maravilhosa de cuidar do seu jardim interior é reservar um tempo para apreciar as pequenas coisas da vida. Quais **cinco coisas** você poderia apreciar melhor em sua vida a partir de agora?

Anote, nas lupas, o que você pretende apreciar plenamente nos próximos dez dias.

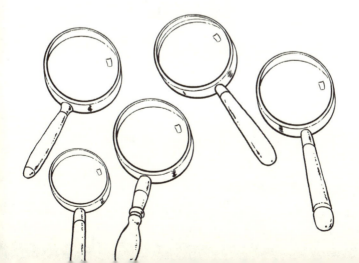

RELAXAMENTO

Exercício | **148**

Para refletir e colorir

"Às vezes, sou mais rápido se eu fizer uma pausa."

(PASCALE D'ERM)

Exercício | **149** ATENÇÃO PLENA

O modo como reagirá aos outros está em suas mãos

Rotular outra pessoa (atrapalhada, antipática...) é uma armadilha. A rotulação induz os outros a agirem exatamente como você esperava!

SENTIMENTOS — Exercício 150

"Uma situação interna,
da qual não nos conscientizamos,
externamente se revela como destino."

(CARL GUSTAV JUNG)

Exercício | **151** ATENÇÃO PLENA

Exercício de atenção plena: abrir-se para novas experiências

- Sentado, simplesmente fique atento e receptivo a tudo que se revela.
- Observe curiosamente sem, entretanto, apegar-se a nada.

- Observe como a sua mente está acostumada a ter objetivos e expectativas. Pensamentos, sensações e sentimentos podem surgir, permanecer por um tempo e, então, desaparecer novamente. Mantenha-se totalmente atento e, ao mesmo tempo, aberto e receptivo ao que surge na sua mente.

AUTOCONHECIMENTO Exercício 152

Para colorir e refletir

Pinte as áreas dos sentimentos de culpa, ruins e inúteis, que você carrega consigo.

Exercício | **153** ATENÇÃO PLENA

Exercício de atenção plena: comer conscientemente

Alimentar-se com atenção significa estar em contato com aquilo que se come, sem se deixar distrair e sem fazer outra coisa ao mesmo tempo. Tente comer o seu prato preferido conscientemente, apreciando-o e saboreando-o lentamente.

- Antes da refeição, faça uma pausa de um minuto e expire.
- Observe atentamente os alimentos em seu prato.
- Inspire o aroma antes de levar a comida à boca.
- Preste atenção a todas as suas sensações neste momento.

SENTIMENTOS

Exercício | 154

Uma receita de sucesso garantida

Amar a si mesmo significa ter sucesso, e ter sucesso significa manter um equilíbrio saudável entre dinheiro, saúde, família e amigos. Não se esqueça de nenhuma área da sua vida para alcançar um objetivo em outra. Se não, você entrará em desequilíbrio, e então se verá diante de obstáculos.

Exercício | **155** | RELAXAMENTO

Para fazer uma pausa e colorir

Siga em frente e divirta-se colorindo esta mandala.

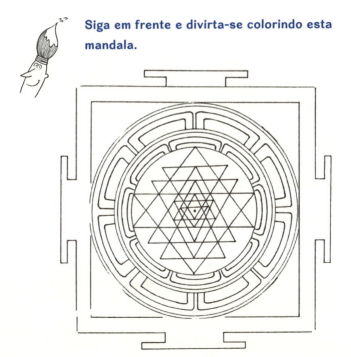

AMIZADE

Exercício | **156**

 Você é um bom amigo?

O seu comportamento revela se a sua vida social é harmoniosa ou complicada. Uma resposta está correta.

Você recebe um convite para jantar com amigos. Qual é a sua reação?

1. Eu pergunto quem irá. ❏
2. Eu agradeço e fico animado. ❏
3. Terei que pensar em uma desculpa novamente. ❏
4. Perguntarei se tem algum problema eu não ir. ❏

Solução: A **resposta 2** é a correta. Agradecer e comparecer é o que se pode esperar de um bom amigo.

Exercício | **157**  FELICIDADE

Desperdício de pensamentos

"Noventa por cento do pensamento humano é inútil e repetitivo."

(ECKHART TOLLE)

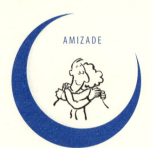

AMIZADE

Exercício | **158**

 ## Qual é a sua relação consigo mesmo e com as pessoas com as quais convive?

Enumere os objetivos listados abaixo de acordo com as suas prioridades, depois complemente a lista como quiser.

❑ Respeitar as minhas necessidades da mesma forma que as dos outros.

❑ Aprender e me desenvolver, sem necessariamente ter sucesso na primeira tentativa.

❑ Obter aquilo que quero.

❑ Preservar a relação.

❑ Proteger-me.

❑ ....

❑ ....

❑ ....

Exercício | **159**

DESAPEGO

Desapegue-se!

Alguém o magoou? Através do exercício abaixo, você poderá desapegar-se da sua mágoa.

- Escolha um local tranquilo em que possa ficar sozinho.
- Fique de pé e distribua o seu peso sobre as duas pernas.
- Agora decida "esvaziar" o seu coração de todas as suas mágoas: com a mão direita sobre o peito, inspire e expire profundamente de dez a doze vezes. A cada expiração emita um "Aaah!" com toda a força. Sempre que expirar e soltar este som, imagine a si mesmo libertando-se de todas as mágoas – elas serão transportadas para fora.

ATENÇÃO PLENA | Exercício | **160**

Exercício de atenção plena: andar conscientemente

- Antes de começar a andar, sinta o seu corpo e a sua respiração.
- Comece a andar e sinta conscientemente cada um de seus passos.
- Fique atento, principalmente às impressões sensoriais: à casca de uma árvore, ao canto dos pássaros, às cores das folhas, às cores de uma flor... Você consegue simplesmente observar, sem rotular mentalmente o que está vendo?
- Observe como a sua mente se afasta para outro lugar e retorna assim que você a guia para determinada experiência sensorial (cor, aroma...).

Exercício | **161** SENTIMENTOS

Exercício *zen*: como lidar com sentimentos negativos

Sentimentos negativos não processados pesam no estômago! Não fique remoendo, mas "digira" o não processado.

- Faça uma lista de todas as coisas que atualmente o preocupam, um catálogo de tudo o que lhe causa uma permanente sensação pesada e literalmente azeda a vida.
- Percorra os elementos, um a um, e diga dez vezes em voz alta: **"eu não preciso mais ficar me preocupando com..."**.

AMIZADE

Exercício | 162

Autoempatia

Ao avançarmos para o nosso interior, encontramos o equilíbrio com as pessoas com as quais convivemos. Uma das questões mais importantes para a manutenção dos relacionamentos é aprender a sentir o que se passa em nós e por que isso acontece – especialmente quando nos deparamos com dificuldades.

Exercício | **163** FELICIDADE

Gratidão na dose certa

Agradeça, uma a duas vezes por semana (não mais que isso, se não vira um hábito sem sentido), a alguém do seu meio:

- À moça da padaria, pelo seu sorriso.
- Ao carteiro, pela sua confiabilidade.
- Ao seu colega, pela sua solicitude.
- Aos seus pais, por tudo o que fizeram por você.
- Aos seus filhos, por tudo que o alegra.
- Ao seu parceiro(a), por todo o amor que ele(a) lhe dá.

AUTOCONHECIMENTO Exercício **164**

Como anda a sua autoafirmação?

Quem deseja alcançar o seu objetivo precisa conhecer o seu ponto de partida.

Anote onde você está agora.

Esta avaliação é aconselhável se você deseja estimular a sua capacidade de assertividade. Existem determinados contextos ou situações especiais em que você recua, às vezes até mesmo sem perceber?

Exercício | **165** ATENÇÃO PLENA

"Uma mente clara permite reconhecer os problemas da vida com maior clareza."

(JON KABAT-ZINN)

SENTIMENTOS | Exercício | **166**

Exercício *zen*: contra a tensão

- **Finja estar tranquilo!** Independentemente do seu nível de estresse, basta simular uma condição de tranquilidade para originar um relaxamento extraordinário dentro de si.
- Como um ator, assuma o papel de uma pessoa tranquila. Mova-se mais lentamente – apenas um pouco; respire mais lentamente – apenas um pouco; sorria para todas as pessoas – apenas um pouco.
- Dentro de alguns minutos, você realmente estará mais tranquilo.

Exercício 167

AUTOCONHECIMENTO

Conheça os seus limites, estimule a sua capacidade de imposição!

Se você está consciente do que está fazendo ou falando em determinada situação, já é uma grande ajuda. A partir do momento em que nos conscientizamos dos limites que os nossos pensamentos nos impõem, podemos optar por desfazê-los e transformá-los em três elementos: **sentimentos**, **necessidades** e **ações**. Esta abordagem causa uma dinâmica através da qual podemos superar os nossos bloqueios.

RELAXAMENTO | Exercício | **168**

Para refletir e colorir

"A alegria está em tudo. Apenas precisamos saber como despertá-la."

(CONFÚCIO)

Exercício | **169**   AMIZADE

A chave para falar sobre as suas necessidades

Expresse-se da forma mais breve e sucinta possível, sem criticar o outro. Dê-lhe a possibilidade de reagir. Você conseguirá isso:

- Substituindo a expressão "eu me sinto... porque **você**..." por "**eu** me sinto... porque eu tenho a necessidade de...".
- Sendo breve. A arte da boa comunicação consiste em manter-se direto e simples. Estatisticamente, a atenção do seu interlocutor já começa a diminuir após quarenta palavras (em adolescentes, após vinte).

FELICIDADE — Exercício | **170**

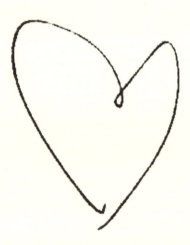

"Perdoar não significa esquecer nem anular; de acordo com as circunstâncias, significa renunciar à punição, à raiva e, por vezes, até mesmo ao julgamento."

(ANDRÉ COMTE-SPONVILLE)

Exercício SENTIMENTOS

A escolha é sua

A capacidade de **nós mesmos** escolhermos o nosso estado de espírito torna-nos independentes do *bem* e do *mal*.

DESAPEGO | Exercício | 172

Faça uma faxina!

O tempo coloca o seu barômetro de humor em *bom*! Desapegue-se de todos os acumuladores de poeira que o impeçam de acomodar-se no seu sofá: bibelôs, quadros, *souvenires* que ocupam espaço, vasos sem flores e – por que não? – plantas. Fora com isso!

E do que você se desapegou até agora?

....

....

Exercício | **173** ATENÇÃO PLENA

Exercício de atenção plena: aceitar o sofrimento

- Pense em uma situação difícil que gera um sentimento de sofrimento.
- Observe curiosamente o que acontece, sem se opor à situação, fugir, distrair-se, pensar excessivamente ou lutar contra ela.
- Simplesmente permaneça no sentimento e observe-o carinhosamente.

SENTIMENTOS

Exercício 174

Perceba os sentimentos alheios!

Observe os rostos e escreva, abaixo de cada um, a emoção correspondente.

triste – animado – raivoso – assustado

....

....

Exercício | **175** | RELAXAMENTO

Para refletir e colorir

"Tudo que fazemos e dizemos tem por objetivo atender às nossas necessidades."

(MARHALL B. ROSENBERG)

AMIZADE

Exercício | **176**

Expectativas e necessidades

Na coluna à esquerda, descreva resumidamente uma situação em que você teve expectativas ou reivindicações e reflita: "se ele(a) fizesse..., isso significaria que... / isso me daria...".
Anote a necessidade que você acredita existir por trás disto na coluna à direita.

Reivindicações / Expectativas	Necessidades

Exercício | **177** AUTOCONHECIMENTO

Exercício Ho'oponopono: a escolha é minha

Pense em um problema na sua vida. Anote. Conscientize-se de que, por trás deste problema, há **lembranças** que foram ativadas. Então você pode perguntar a si mesmo: **o que posso fazer com as lembranças que se manifestam desta forma na minha vida? Que decisão tomar?**

- ❏ Quero mantê-las?
- ❏ Eu me agarro a elas?
- ❏ Eu decido soltá-las?
- ❏ Confio a purificação ao divino dentro de mim?

Caso tenha assinalado as perguntas do lado direito, significa que você está disposto a não segurar mais os balões e deixá-los voar.

ATENÇÃO PLENA | Exercício | **178**

Como podemos cultivar a atenção plena na vida diária?

Aqui estão alguns exemplos, desde a hora de acordar até a hora de dormir:

Exercício | **179**   AUTOCONHECIMENTO

Seja bom com você mesmo!

Para isso, é preciso que você crie uma vida em **harmonia** com o seu mais profundo interior e...

- ...escute a sua voz interior para poder reconhecer-se melhor (autoempatia);
- ...se aproxime de seus sonhos.

FELICIDADE

Exercício | **180**

Lição de felicidade: aprenda a perdoar!

Perdoar não significa reconciliar-se; não obrigatoriamente implica retomar a relação com quem o magoou. Não se trata de desculpar o outro nem de negar a injustiça cometida consigo.

Perdoar significa renunciar à raiva. Perdoar significa despedir-se da ira.

Exercício 181

ATENÇÃO PLENA

"Se você não encontra a verdade
bem onde você está,
onde mais você espera encontrá-la?"

(DÖGEN)

FELICIDADE

Exercício | **182**

Exercício de gratidão para avançados

Agradeça...

- Ao vizinho ranzinza que o aborrece, mas que também o faz ser tolerante.
- Internamente, ao motorista do ônibus que parte sem levá-lo, mas que tenta manter o seu horário.
- À vendedora áspera que, no entanto, o atende.

Exercício | **183** | AUTOCONHECIMENTO

 ## Use o seu potencial!

As suas habilidades só podem brotar e se desenvolver se você tiver consciência do que não é capaz.

Tenho dificuldades com as seguintes atitudes:

- ❏ Encontrar as palavras certas.
- ❏ Reconhecer as minhas necessidades.
- ❏ Lidar com os meus medos das consequências que poderiam surgir se eu me posicionar.
- ❏ Ser imparcial ao falar.
- ❏ Ter coragem de não concordar com a opinião alheia.
- ❏ Fazer-me entender de maneira aceitável.
- ❏ Impor os meus limites.
- ❏ ....
- ❏ ....
- ❏ ....

ATENÇÃO PLENA

Exercício | **184**

Distanciar-se

Não precisamos nos identificar com os nossos pensamentos! Ao nos observarmos durante a meditação – como ao olhar no espelho –, podemos ganhar uma distância saudável de nós mesmos.

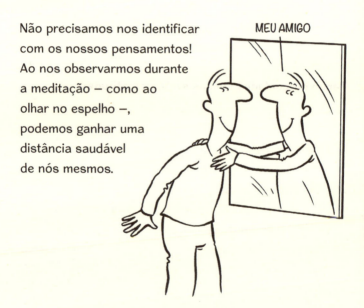

Exercício | **185** SENTIMENTOS

Exercício *zen*: quando estiver se sentindo desanimado

- Sente-se confortavelmente com as costas eretas e ambos os pés apoiados no chão.
- Coloque as mãos sobre a barriga, ligeiramente abaixo do umbigo.
- Inspire lenta e profundamente pelo nariz. Expanda a barriga como se a inflasse naturalmente a cada inspiração.
- Expire pela boca e encolha novamente a barriga, contraindo-a ligeiramente. Concentre-se neste movimento da respiração.
- Repita esta respiração vinte vezes.

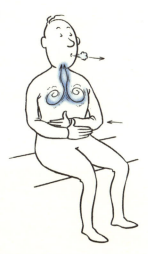

AMIZADE

Exercício | **186**

 Você é um bom amigo?

O seu comportamento revela se a sua vida social é harmoniosa ou complicada. Duas respostas são possíveis.

Um amigo não quer viajar sozinho e entra em contato com você. Como você reage?

1. Para onde? Quanto custará isso? ❑
2. Certamente não temos os mesmos hábitos durante as férias, precisamos conversar a respeito. Cansativo. ❑
3. Por que não? Mas em quartos individuais. ❑
4. Três dias pode ser, mas, se demorar mais tempo, os conflitos são previsíveis... ❑
5. Boa ideia, apenas precisamos combinar algumas coisas antes para que ambos aproveitemos. ❑
6. Não quero ser uma solução de emergência para solitários. ❑

Solução: As **respostas 3 e 5** são as corretas. É natural que um verdadeiro amigo, que nos é importante, não seja um fardo durante alguns dias de férias.

Exercício | **187** | FELICIDADE

Os quatro lados da felicidade

O prazer e a alegria que sentimos.

Empenho em alguma atividade significativa (voluntariado etc.).

Satisfação que brota do contentamento de ter concluído algo.

Tranquilidade interior e distância daquilo que ocorre.

RELAXAMENTO

Exercício **188**

Esvazie a sua cabeça e relaxe!

 Anote tudo o que lhe passa pela cabeça.

Pegue uma folha de papel. Deixe as palavras fluírem – cada uma –, sem impedir nenhuma delas de ser anotada ou tentar organizar as suas ideias.

Exercício **189** — DESAPEGO

O inimigo da gratidão é o costume

Nada é seu por direito! Reconheça a adaptação hedonista e o costume que o fazem esquecer quantos privilégios a vida lhe concedeu.

ATENÇÃO PLENA

Exercício | 190

Você sabia?

A palavra japonesa *zen*, que se tornou tão moderna nos dias de hoje, significa simplesmente *meditação*. E a expressão *zazen* (*za* = sentado; *zen* = meditar) significa meditação sentada.

Exercício | **191** SENTIMENTOS

Nossos sentimentos

Os nossos sentimentos são a cor que a vida adota em nós de instante a instante. Agradáveis ou desagradáveis, o importante é conscientizar-se deles e aceitá-los.

- Quando nos recusamos a sentir o que ocorre dentro de nós, nos recusamos também a deixar a vida circular.
- Quando, no entanto, nos permitimos perceber conscientemente os nossos sentimentos, então deixamos a vida circular em nós e isto fortalece a capacidade de sentir, ou seja, de estar vivo.

RELAXAMENTO | Exercício | **192**

Para fazer uma pausa e colorir

Reencontrar o essencial — em todos os tempos, as pessoas ansiavam por isso. Um dos mais belos símbolos desta busca é o labirinto da Catedral de Chartres, do século XIII.

Percorra este labirinto com um lápis e deixe-se levar para uma meditação sobre este "essencial"; sobre o que significa para você.

Exercício | **193** | AMIZADE

 Você é um bom amigo?

O seu comportamento revela se a sua vida social é harmoniosa ou complicada. Uma resposta é possível.

Um amigo está se sentindo mal... Como você reage?

1. Pode ser algo sério, irei rapidamente até ele. ❑
2. Primeiramente ligarei para ele a fim de saber mais detalhes, e então decidirei o que fazer. ❑
3. É papel de sua família cuidar dele, e não meu. ❑
4. Faço contato com o seu filho e me informo melhor. ❑

Solução: A **resposta 2** é a correta. É uma excelente ideia primeiramente entender a situação, e então decidir como agir. Dependendo da circunstância, pode-se ligar para um hospital ou para a casa do amigo doente.

FELICIDADE

Exercício 194

Verdadeira felicidade

"A verdadeira felicidade consiste em fazer os outros felizes."

(PROVÉRBIO HINDU)

Exercício | **195** — AUTOCONHECIMENTO

Lição Ho'oponopono: mudança de perspectiva

"É tudo uma questão do olhar". Sinta prazer em mudar a sua percepção. Como disse o Pequeno Príncipe, de Antoine de Saint-Exupéry: "Só se pode ver bem com o coração. O essencial é invisível aos olhos".

ATENÇÃO PLENA | Exercício | **196**

Autoestima como questão da percepção e interpretação da realidade

Acontecimento atual

Percepção e interpretação do acontecimento

Sentimentos que temos com relação a este acontecimento

(Estão muito mais próximos da interpretação que do acontecimento!)

Atitudes, ações

(Em parte, como reação aos sentimentos.)

Exercício

SENTIMENTOS

Exercício *zen*: contra o nervosismo

Utilize esta técnica simples sempre que se sentir nervoso, estressado, inquieto...

- Massageie lentamente o couro cabeludo com as pontas de todos os dedos.
- Comece no alto, na testa, e avance até a nuca. Durante a massagem, inspire e expire profundamente.
- Dois minutos de automassagem são suficientes para você, aos poucos, sentir-se melhor.

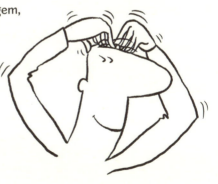

AMIZADE | Exercício | 198

Você sabia?

A **reatividade** consiste em **reagir** a um acontecimento ou se defender **contra** o mesmo e, portanto, estar constantemente estressado, preso na chamada **área de interesse**. Esta área é marcada por tendências mentais que Stephen Covey denominou de os "4 Cs", conforme as primeiras letras dos termos em inglês: *criticising*, *comparing*, *competing* e *complaining*, ou seja, criticar, comparar, competir e reclamar.

Exercício | 199 SENTIMENTOS

Quando você sente medo

Este exercício, que leva mais oxigênio para o organismo e reduz o estresse, dentro de um minuto poderá proporcionar um estado de relaxamento.

- Coloque as suas mãos na parte inferior do tórax, abaixo do peito, e encostadas uma na outra. Os dois dedos médios devem tocar-se nas pontas.
- Inspire profunda e lentamente pelo nariz. As suas mãos irão afastar-se uma da outra.
- E então expire pela boca. As suas mãos devem retornar à posição inicial.

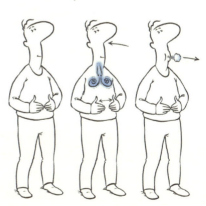

DESAPEGO — Exercício | **200**

Faça uma faxina!

Férias, finalmente! Durante os preparativos para a viagem, controle as suas malas, bolsas esportivas, sacos de dormir, colchonetes, nécessaires, toalhas de banho, óculos de sol, roupas de banho, nadadeiras, boias circulares, baldes, ancinhos de plástico... Você precisa de quatro de cada?

E do que você se desapegou até agora?

....

....

Exercício | **201** ATENÇÃO PLENA

Exercício de atenção plena: a meditação da bondade amorosa

- Sente-se em um local tranquilo.
- Aos poucos, comece a perceber conscientemente a sua respiração.
- Escolha uma pessoa pela qual tem um sentimento caloroso e positivo.
- Mentalize esta pessoa, sinta a sua presença. Você pode imaginar a si mesmo envolvendo-a com uma nuvem de carinho, de amizade. Você também pode utilizar-se de algumas frases que ajudem a evocar estes sentimentos:

»..............., que você seja feliz!«
»..............., que você esteja livre de qualquer forma de perigo!«

AUTOCONHECIMENTO | Exercício | 202

Como você mesmo se percebe?

Sim ou não?

	Sim	Não
1. A crítica alheia o magoa?	( )	( )
2. Você tem medo de novas experiências?	( )	( )
3. Você fala com outras pessoas sobre os seus sucessos pessoais?	( )	( )
4. Você procura responsabilizar outras pessoas pelos seus erros?	( )	( )
5. Você tende a ser hesitante?	( )	( )

Solução: Se respondeu à maioria das perguntas com "sim", você poderia melhorar a sua autopercepção.

Exercício | 203 RELAXAMENTO

Para refletir e colorir

"Quando a dor é totalmente aceita, ela se transforma."

(ANNE VAN STAPPEN)

AMIZADE | Exercício | **204**

Você sabia?

A pró-atividade consiste em conhecer os seus próprios valores, unir-se a eles e agir de acordo com eles. Significa concentrar-se continuamente nos elementos que podemos influenciar: esta é a nossa zona de influência. Como tudo para o qual voltamos a nossa atenção ganha um peso maior, para que possamos ser assertivos ao invés de agressivos ou passivos, é melhor ampliar a nossa zona de influência através de:

1. Autoconhecimento.
2. Consciência clara (ou autoempatia).
3. Coragem para expressar-se (ou autoafirmação).
4. Compreensão do que acontece dentro do meu interlocutor (ou empatia).

Exercício | **205** | FELICIDADE

Nada pode ser tomado como certo

O hábito é o inimigo número um da felicidade. Portanto, lembre sempre:

- Estou tão feliz que a pessoa que amo todas as noites chega bem em casa e continua demonstrando o seu afeto por mim.
- Como eu me alegro de ver os meus filhos crescendo saudáveis e tendo uma boa relação comigo!
- Sorte que eu tenho um trabalho e consigo ganhar o meu sustento!

ATENÇÃO PLENA

Exercício | 206

Deixe os pensamentos livres!

Faça uma pausa e escreva, nas nuvens, os pensamentos que atravessam o seu céu. Observe-os sem segui-los. Os pensamentos não são o céu, eles passam, preenchem o espaço e tornam a desaparecer.

Exercício | 207 SENTIMENTOS

Exercício *zen*: quando você estiver inquieto

Através deste exercício você poderá encontrar paz interior e, até mesmo, aliviar algumas dores de cabeça.

- Segure ambas as orelhas entre os polegares e indicadores de cada mão; o polegar fica na parte de trás, o indicador segura a orelha.
- Massageie, aos poucos, toda a superfície das orelhas.
- Segure os lóbulos das orelhas com os polegares e indicadores, puxe-os delicadamente.
- Coloque as duas mãos abertas sobre as orelhas e realize pequenos movimentos circulares.

RELAXAMENTO | Exercício | 208

Para refletir e colorir

"O que lamentamos não é o inatingível, mas o que é possível e não atingimos."

Exercício | 209

AMIZADE

A chave para falar sobre as suas necessidades

Quando desenvolvemos uma forma de pensar e falar que respeita igualmente a nós mesmos e aos outros, aumentamos as possibilidades de obter uma ressonância positiva. Um meio eficaz para auxiliar neste processo é a comunicação não violenta (CNV), que nos ensina a direcionar a nossa atenção para os sentimentos e as necessidades de todos os envolvidos.

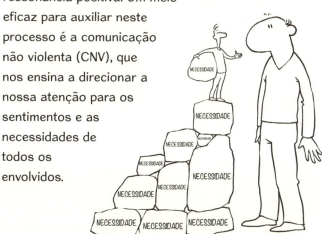

FELICIDADE | Exercício | 210

Lição de felicidade: aproveite as pequenas alegrias da vida!

O exercício a seguir é indicado para melhor aproveitamento das pequenas alegrias da vida.

- Faça um pequeno contrato consigo mesmo.
- Anote as atividades: coisas que você gosta de fazer e que são importantes para você.

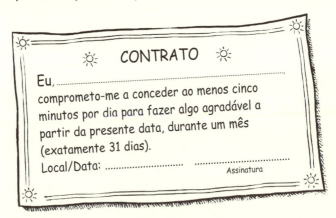

CONTRATO

Eu, ..., comprometo-me a conceder ao menos cinco minutos por dia para fazer algo agradável a partir da presente data, durante um mês (exatamente 31 dias).

Local/Data: ....
Assinatura

Assim, você terá a certeza de que aquilo que decidiu fazer será **colocado em prática**.

Exercício

ATENÇÃO PLENA

Exercício de atenção plena: cheirar

O olfato é um sentido muito forte, que pouco utilizamos. Com frequência, atribuímos um cheiro à categoria "bom" ou "ruim".

Procure perceber três cheiros diferentes à sua volta, identificá-los e descrevê-los um a um. Você verá que logo lhe faltarão adjetivos.

SENTIMENTOS | Exercício | **212**

Encontre razões para ser feliz no dia a dia!

Aspire por coisas que gosta, e você receberá mais delas. Aquilo para o qual voltamos a nossa atenção cresce.

Exercício | **213** FELICIDADE

"A maior e única
tarefa é viver feliz."

(VOLTAIRE)

AUTOCONHECIMENTO   Exercício   **214**

Você sabia?

Graças à ligação com o nosso corpo, somos uma árvore fortemente enraizada no solo. Quando nos conscientizamos do que se passa em nós, tornamo-nos mais alegres, despertos e podemos estar disponíveis para o mundo exterior – ou perceber, em tempo, que não estamos.

Quando estamos mais em nós do que no acontecimento, ganhamos distância. Ela protege a nós e nossas relações, pois reduz a tendência a reações emocionais automáticas.

Exercício 215

ATENÇÃO PLENA

Exercício de atenção plena: escutar atentamente

Volte a sua atenção para o modo como escuta.

- Perceba, particularmente, os diversos impulsos que você pode ter: interromper o seu interlocutor; adiantar-se, já pensando em sua resposta; perder-se em outros pensamentos... É possível escutar sem concordar com o que está sendo dito? Simplesmente escutar?
- Fique atento às suas sensações, à expressão do seu rosto, e guie a sua atenção para a voz de seu interlocutor: o seu som, a sua natureza, a sua intensidade.

SENTIMENTOS   Exercício | **216**

O que torna a sua vida colorida?

Os nossos sentimentos são a cor que a vida adota em nós de instante a instante. Agradáveis ou desagradáveis, o importante é conscientizar-se deles e aceitá-los, porque:

- Quando um sentimento é **agradável** e nos permitimos senti-lo plenamente, então a nossa energia e alegria de vida aumentam.
- Quando um sentimento é **desagradável** e o aceitamos sem, no entanto, nos identificarmos com ele, conseguimos ir até o fundo da questão. Ali encontramos o suporte necessário para conseguir dar a volta por cima.

Exercício | **217** RELAXAMENTO

Para refletir e colorir

"Eu não largo os meus pensamentos – eu os recebo de forma compreensiva. E então eles me largam."

(BYRON KATIE)

DESAPEGO

Exercício 218

Meu bilhete de redução à metade

Mais é demais. Existe uma forma simples de sair do infinito círculo vicioso dos acúmulos. No dia a dia, siga a regra da redução pela metade.

O que eu posso reduzir pela metade	O que eu não posso reduzir pela metade
• A quantidade de amigos no Facebook	• ....
•	• ....
•	• ....
•	• ....
•	• ....
•	• ....

Exercício | 219

AUTOCONHECIMENTO

Lição Ho'oponopono: "Eu escolho a paz"

É possível iniciar o processo de purificação com determinadas palavras, como "eu escolho a paz". A frase nos faz lembrar que estamos aqui para trazer paz às nossas vidas, fazendo com que tudo à nossa volta encontre novamente o seu espaço, o seu próprio ritmo e a paz.

FELICIDADE

Exercício | 220

Você sabia?

O *Flow* faz feliz. O estado *Flow* é alcançado quando realizamos tarefas que correspondem exatamente às nossas habilidades, nem muito difíceis, tampouco demasiado fáceis. No estado *Flow*, a sensação de tempo desaparece, estamos presos àquilo que fazemos, completamente concentrados. É um momento de graça em que somos um com a atividade que executamos. As preocupações e os conflitos internos se desvanecem.

Exercício | **221** — ATENÇÃO PLENA

Meditar na natureza

Escritas budistas relatam que Buda gostava de meditar na natureza. Na floresta, sentava-se em um toco de árvore, em um monte de folhas secas ou sobre uma grande pedra. Respirava calmamente e deixava-se levar pela magia da natureza. **Você também pode fazer isso!**

SENTIMENTOS

Exercício 222

Você sabia?

A **meditação** facilita controlar melhor os próprios sentimentos e, consequentemente, ser mais resistente ao estresse. Através dela, pouco a pouco conseguimos disciplinar melhor as nossas vontades e nos concentrar mais, assim nos tornamos mais tranquilos. Além disso, a meditação diária tem efeitos excepcionais para a nossa saúde: ela reduz a pressão arterial e as taxas de colesterol, alivia dores e medos crônicos, auxilia na luta contra a dependência química e influencia positivamente o sistema imunológico.

Exercício | **223**

DESAPEGO

"Por mais que se esprema um punhado de areia, não se consegue extrair óleo dele."

(PROVÉRBIO TIBETANO)

AMIZADE

Exercício **224**

A chave para falar sobre as suas necessidades

Quando alguém recebe as nossas palavras como crítica, diminuímos as chances de sermos compreendidos – mesmo quando a crítica tem fundamento.

Exercício 225 — AUTOCONHECIMENTO

A flor Ho'oponopono

As folhas do nosso "Eu superior e a química da fotossíntese": com ajuda da luz do sol, a flor desencadeia processos químicos. Através da fotossíntese, ela transforma minerais contidos no solo em matéria. Para uma transformação como esta, precisamos da luz solar que é o nosso divino interior, o princípio da criação, a fonte do amor. A conexão é realizada através das folhas (nosso "Eu superior"), e a luz do sol permite o início do processo químico da transformação.

DESAPEGO — Exercício 226

Desapegue-se do desejo de ter razão!

Escolha uma frase para usar no lugar de "eu tenho razão" e "você não tem razão". Na próxima oportunidade, experimente:

Obrigado por me falar de que modo você vê as coisas.

Interessante!

Eu entendo de outra forma. Obrigado por me explicar o seu ponto de vista.

Obrigado por ampliar o meu horizonte.

Obrigado por compartilhar a sua opinião.

Exercício | **227** | ATENÇÃO PLENA

Exercício de atenção plena: ver ao invés de fotografar

Se você estiver diante de uma bela paisagem ou em uma situação da qual gosta muito (testemunhando um pôr do sol, compartilhando uma refeição com amigos...), então procure não registrar este momento em uma foto. Esteja plenamente presente, totalmente focado na paisagem, especialmente se este momento nunca mais retornar! A atenção plena é uma grande ajuda: vivencie a experiência com consciência e atenção, do modo como ela é, sem esperar ou exigir nada. Você verá: desta forma, o momento se tornará ainda mais intenso.

SENTIMENTOS

Exercício 228

Aquilo para o que você dá atenção cresce

Quanto mais intenso (positiva ou negativamente) for o seu sentimento no momento em que estiver pensando em determinada coisa, mais você atrairá estas circunstâncias num futuro próximo. Em outras palavras: aquilo em que você mais pensa, enquanto associa a um sentimento, é o que atrairá na vida. A maioria das pessoas vive reagindo àquilo que não gosta (dívida, doença, carência no nível afetivo...) e acaba atraindo ainda mais coisas que dão motivos para lamentar.

Exercício | **229**

RELAXAMENTO

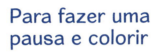

Para fazer uma pausa e colorir

AMIZADE

Exercício | 230

Situações difíceis

Construir uma relação de respeito e confiança com o seu interlocutor ajuda muito mais na resolução de situações difíceis do que qualquer técnica que tenha por objetivo um determinado resultado sem, contudo, se preocupar com o outro.

Exercício | **231**  SENTIMENTOS

"Quando estamos apaixonados, estamos apaixonados,
principalmente, pelo amor que sentimos.
Quando estamos apaixonados, temos — porque o relacionamento
nos deixa em determinado estado —
diversas sensações. Estas sensações
do amor existem dentro de nós, e nós podemos
decidir vivê-las a qualquer instante."

(DAVID KOMSI)

ATENÇÃO PLENA

Exercício | 232

Exercício de atenção plena: agir conscientemente

- Decida não se mexer automaticamente durante cinco minutos – nem para se coçar, tampouco para espantar uma mosca ou mudar uma posição desagradável.
- Caso perceba que está coçando em algum lugar, apenas registre.

EU ME COÇO APENAS QUANDO EU DECIDIR!

- Sinta o ímpeto de se mexer e coçar, mas não o faça imediatamente. Aguarde e, então, decida fazê-lo.
- Observe o movimento da sua mão. Caso queira, coce conscientemente, intencionalmente.

Exercício | **233** DESAPEGO

Faça uma faxina!

Você pode planejar uma vistoria nas roupas das crianças e manter apenas o que elas precisarem, desde que ainda lhes caiba! Aproveite este momento oportuno para também dar uma garimpada no seu armário, e não se apegue àquele *short* pequeno que você definitivamente não poderá mais usar – apesar da sua dieta antes do verão. E então faça uma limpeza nos itens de *camping* que, neste ano, você não precisou de novo.

E do que você se desapegou até agora?

....

....

AMIZADE

Exercício 234

Escrever uma carta de agradecimento

Pense em uma pessoa de quem você gosta muito ou em alguém que influenciou positivamente a sua vida (amigo, professora, parceiro, pai, mãe...).
Reflita sobre como esta relação foi importante, seus momentos bonitos, coisas que você aprendeu... Quais lembranças você associa a esta pessoa?

Imagine-se escrevendo uma carta para esta pessoa a fim de dizer tudo o que lhe parece importante.

Exercício | **235**  FELICIDADE

"Felicidade é uma palavra
que expressa o quanto
uma pessoa gosta
da vida que leva."

(SABEDORIA DE VIDA)

AUTOCONHECIMENTO — Exercício 236

Lição Ho'oponopono: assumir a responsabilidade

Quando assumimos a responsabilidade sobre o que nos acontece, saímos do papel de vítimas e ganhamos poder sobre as nossas vidas.

Atenção: "Responsável" não significa "culpado". Eu sou responsável pelo modo como percebo algo. Mudando a minha percepção, a minha realidade muda.

Exercício | **237**

ATENÇÃO PLENA

Você consegue não pensar em absolutamente nada por alguns instantes?

Procure não pensar em nada durante três minutos. Espante os pensamentos assim que surgirem. Como foi esta experiência? Concentre-se novamente e procure não pensar em um elefante vermelho. Concentre-se durante dois minutos. Durante esta prática, você pensou em um elefante vermelho?

Certamente você percebeu: é impossível controlar os nossos pensamentos — e também não se trata disso! O importante é não se deixar controlar por eles, de modo a vê-los como pensamentos, e não como algo real.

AMIZADE

Exercício **238**

Você sabia?

Ao darmos aos outros a possibilidade de se manifestarem com relação às nossas palavras e ações, ou de fazerem algo para o nosso bem-estar, estabelecemos uma relação estável e geramos uma dinâmica de comunicação positiva. Se quisermos que as nossas contribuições em um diálogo tenham efeito positivo, primeiramente precisamos gerar um equilíbrio nesta troca.

Exercício | **239** RELAXAMENTO

Para refletir e colorir

De que adianta a minha existência, se ela não contribuir para um mundo melhor?

FELICIDADE

Exercício | **240**

"O critério para uma vida bem-sucedida não é a quantidade de coisas que se tem, mas o tamanho da alegria que se sente."

(SABEDORIA DE VIDA)

Exercício | **241**  DESAPEGO

Desapegue-se!

Recorte as afirmações abaixo e, nos próximos dias, adote sempre uma delas.

| Hoje eu aceitarei o que é. | Hoje eu soltarei as minhas resistências. | Hoje eu agradecerei a alguém. |
| Hoje eu abandonarei a dúvida. | Hoje eu ficarei aberto ao que vier. | Hoje eu direi SIM. |

SENTIMENTOS

Exercício 242

O nosso inconsciente determina quão bem nos sentimos

O nosso cérebro é extraordinário. Ele consegue processar milhares de informações o tempo todo. No entanto, a sua capacidade não é infinita! Portanto, o que nos pode ser consciente em um determinado instante é limitado. E a nossa atenção define o que chega à nossa **consciência**. Semelhante ao modo como escolhemos um programa na TV, a nossa atenção também escolhe o conteúdo da nossa consciência. Este, por sua vez, define o nosso nível de conforto.

Exercício 243

ATENÇÃO PLENA

Você sabia?

Estar "*zen*" ou sereno significa principalmente ser você mesmo, estar em sintonia consigo e dentro da realidade cotidiana – o que, por sua vez, implica estar "atento e no momento presente".

Zen refere-se à ação concreta na "vida real", relacionada a dois grandes princípios:

"Busco, principalmente, a simplicidade."

"Busco sempre fazer a coisa certa."

RELAXAMENTO | Exercício **244**

Para refletir e colorir

"Os morangos que foram expostos ao maior frio têm sabor mais intenso que os outros."

(ANNE VON STAPPEN)

Exercício **245** AMIZADE

Como colocar as minhas necessidades?

Na convivência, é mais eficaz concentrar-se na união do que no resultado concreto desejado.

ATENÇÃO PLENA

Exercício | 246

Exercício *zen*: a técnica do pote de mel para mais serenidade

- Uma vez ao dia, escolha uma ação que, normalmente, você executa rápida e rotineiramente.
- Respire calma e profundamente, depois desacelere todos os seus movimentos. Concentre-se na sua postura, em cada gesto, no objeto que está utilizando, na sensação física do toque...
- Imagine-se dentro de um gigantesco pote de mel. Reduza ainda mais a sua velocidade. Desta forma, em poucos minutos, você conseguirá restabelecer a paz interior e perceber a si próprio atentamente.

Exercício | 247

SENTIMENTOS

Você é otimista?

Escreva, em cada uma das colunas, os aspectos positivos e negativos do mundo e da vida.

Em qual coluna há mais coisas escritas? Se for na primeira, você está pessimista. Se for na segunda, você tende mais ao otimismo.

Dica: acrescente outros aspectos positivos do mundo e da vida para que a segunda coluna tenha mais peso em relação à primeira.

RELAXAMENTO — Exercício **248**

Para refletir e colorir

Toda vez que ofereço, abro espaço para receber.

Exercício | **249**

DESAPEGO

Desapegue-se!

No luto, é preciso percorrer um caminho de revolta, de tristeza, de desespero. Até que chega o momento de abrir uma nova página: manter a lembrança — sem o sofrimento — de tudo o que foi bonito e bom, no sentido de guardar e agradecer o que recebemos da pessoa que partiu. Precisamos nos desfazer do "manto do luto" que nos impede de perceber os encantos da vida.

Estou encoberto pelo manto do luto.

Voltarei a sentir o prazer de viver.

FELICIDADE

Exercício 250

Para fazer uma pausa e colorir

Pinte as palavras do sol que se aproximam da sua ideia de alegria de viver... Então, complete a lista a seu gosto em uma folha de papel!

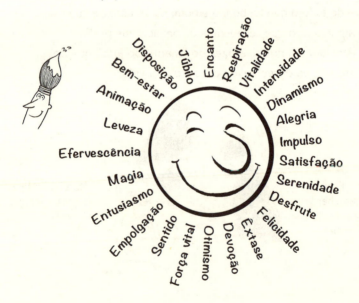

Exercício 251

AUTOCONHECIMENTO

Lição Ho'oponopono: aceitar o que é

Quando estou no estado de "não aceitação", nego o que é, reforçando a sensação de separação. Quando algo não é aceito, há um conflito e não sobra mais espaço para a paz. Tudo ao que me oponho continua existindo. Quando penso em algo, mesmo que em forma de resistência, eu continuo produzindo aquilo.

ATENÇÃO PLENA

Exercício 252

Meditação deitado

Deite-se de costas com os braços ao lado do corpo. Feche os olhos e respire calmamente para dentro do abdome. Relaxe mental e fisicamente todas as partes do corpo, começando pelo vértice da cabeça, passando pela testa, olhos, nariz, mandíbula, boca, peito, braços, tórax, plexo solar, abdome, órgãos sexuais, quadril, coxas, joelhos, pernas e pés. Agora relaxe, também, cada dedo das mãos e dos pés. Não perca o contato com a sua respiração.

Exercício | 253

SENTIMENTOS

Você sabia?

Os pensamentos não influenciam apenas o nosso humor, mas também o nosso comportamento.
Em uma pesquisa, psicólogos pediram a uma parte dos participantes que refletissem sobre assuntos relacionados à terceira idade, e à outra parte que pensassem em assuntos da juventude. Em seguida, sem informar aos participantes da pesquisa, mediram o tempo que cada um precisava para atravessar o corredor que levava para fora do prédio.
Resultado surpreendente: os que trabalharam o tema da terceira idade precisaram de mais tempo para sair. De certa forma, ficaram mais lentos.

AUTOCONHECIMENTO

Exercício 254

Se eu não tivesse sentimentos de culpa...

- ...eu poderia aproveitar e ficar um pouco mais na cama para descansar quando não tiver obrigações a cumprir.
- ...eu poderia comprar este perfume que já desejo há tanto tempo, sem precisar de uma desculpa ou ficar com a consciência pesada por isso.
- ...eu poderia me dar o prazer de comer esta pequena sobremesa com a qual sempre sonho.
- ...eu poderia me alegrar com os belos momentos que a vida me proporciona.

Exercício | **255**

FELICIDADE

 ## Atenção!

Não é fácil mudar hábitos, mas a sua vida merece. Está mais do que na hora de desenvolver a capacidade de viver bem. Esta arte pode ser aprendida, basta querer. Uma vez decidido a mudar a sua vida, você pode aprender facilmente como fazer isto.

AUTOCONHECIMENTO — Exercício 256

Lição Ho'oponopono: a escolha sempre é minha

Quando estou diante de um problema, posso me conscientizar de que a sua causa não são as minhas lembranças se manifestando e fazendo com que eu veja a situação como um obstáculo a ser superado. Ao entender que as lembranças nada mais são do que lembranças, que não configuram a minha verdadeira identidade, então eu sei que a escolha é minha!

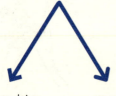

Ou eu deixo as minhas lembranças me guiarem,

ou eu decido deixá-las ir.

Exercício | 257  DESAPEGO

Faça uma faxina!

Aproveite as suas férias para organizar suas coisas. Sem dó, jogue fora as canetas que não escrevem mais, os cadernos velhos dos quais só sobrou a espiral, os ficheiros com alavancas quebradas etc. E então dê uma olhada nos casacos e sapatos de inverno no armário: ainda estão bons?
Separe as ferramentas de jardim para o trabalho que precisa ser feito, e despeça-se do guarda-sol e da espreguiçadeira que já deram o que tinham que dar depois de tantos verões.

E do que você se desapegou até agora?

....

....

Aquela questão do sentimento de culpa

Quem atribui a culpa a si próprio acredita que poderia ter mudado o rumo dos acontecimentos, acredita que teria este poder. Desta forma, nega o livre-arbítrio, a responsabilidade e as decisões alheias.

Exercício | 259 SENTIMENTOS

A lei da atração

A lei da atração é uma lei universal, sempre eficaz. Resumindo, significa que "os semelhantes se atraem". Tudo que está à sua volta é composto de energia: o seu corpo, a natureza... até mesmo os seus pensamentos. A lei da atração diz que a energia que produzimos com os nossos pensamentos atrai outra semelhante.

AMIZADE

Exercício | 260

 Você é um bom amigo?

O seu comportamento revela se a sua vida social é harmoniosa ou complicada. Uma resposta é possível.

O telefone toca: visita surpresa! Os seus amigos querem fazer uma festa de última hora em seu apartamento. Como você reage?

1. Mas é muito descaramento! Percebo que já fiquei totalmente irritado. ❑
2. Eu nego: sinto muito, estou doente. ❑
3. A resposta é não, eu quero que me avisem antes. ❑
4. Não tenho nada na geladeira, então precisamos cancelar a festa. ❑
5. Divertido, faremos as compras juntos. ❑

Solução: A resposta 5 mostra que lhe agrada a possibilidade de estar junto com os seus amigos. E que, com você, também é possível divertir-se espontaneamente.

Exercício | **261**  FELICIDADE

A semente da nossa felicidade está na habilidade de nos percebermos com consciência e atenção. Esta presença atenta faz com que vivamos mais conscientemente, e a nossa alegria depende do grau da nossa consciência.
Você tem ideia de quantos momentos ao longo de um dia vive no modo piloto automático, sem estar realmente consciente disto?

AUTOCONHECIMENTO — Exercício 262

A questão das necessidades

Os sentimentos não "chegam simplesmente nos atropelando". Eles se originam das nossas necessidades (ou desejos, sonhos, valores...), daquilo que dá sentido às nossas vidas. Quando percebemos o que está em nós como algo agradável, significa que uma de nossas necessidades (ou mais) foi satisfeita; e quando vivenciamos algo como desagradável, é sinal de que uma de nossas necessidades (ou mais) não foi satisfeita.

Quando conhecemos as nossas necessidades, podemos pensar em como atendê-las.

Exercício | **263**

DESAPEGO

"A capacidade de desapegar, de confiar e de adaptar-se positivamente para, a qualquer instante, assumir a responsabilidade de conferir um sentido à sua vida:
isto significa dizer SIM, estar receptivo e de acordo com a vida e tudo que ela traz consigo."

(ROSETTE POLETTI E BARBARA DOBBS)

Os três mandamentos puros do *Zen*

Adote os três mandamentos puros do *Zen*!

1. Não cometa nenhum mal.
2. Faça apenas o bem.
3. Zele pelo bem-estar alheio.

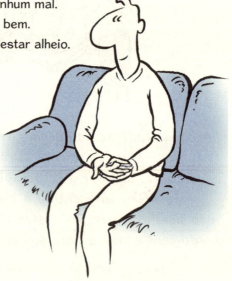

Exercício | **265** SENTIMENTOS

Exercício *zen*: quando você estiver com um nó na barriga

- Levante-se e mantenha os pés bem apoiados no chão.
- Inspire expandindo primeiramente o abdome, e então também a parte superior do abdome, para mobilizar o baço.
- Segure a respiração por cinco segundos, depois expire lentamente durante outros cinco segundos.
- Repita esta série oito vezes.
- Para relaxar o abdome, inicialmente deixe os braços soltos, pendurados ao lado do corpo, e então afaste-os, elevando ligeiramente os ombros para que o tórax seja alongado.

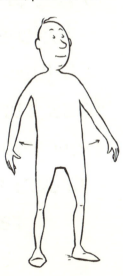

RELAXAMENTO

Exercício 266

Para refletir e colorir

É importante doar e, logo em seguida, esquecer que doou. Você será mais feliz se não esperar nada em troca e não falar a respeito.

Exercício | **267**

AMIZADE

Você sabia?

O que dizemos chega menos intensamente ao nosso interlocutor do que a energia que nós emanamos. O que se passa dentro de nós é revelado, principalmente, em nível **não verbal**: olhar, postura corporal, movimento, voz... Tudo isso torna visível as nossas emoções. Estes fatores estão fora do nosso controle. Assim, o nosso interlocutor, inconscientemente, confia mais em sua percepção da nossa postura do que naquilo que dizemos.

FELICIDADE

Exercício 268

"O privilégio de sua vida é ser quem você é."

(JOSEPH CAMPBEL)

Exercício | **269** — AUTOCONHECIMENTO

Lição Ho'oponopono: a relação com a criança interior

As lembranças estão no nosso subconsciente. Os havaianos denominam essa nossa parte de "Unihipili", que significa "criança". Para que o processo de purificação seja suave, é imprescindível desenvolver uma boa relação consigo mesmo. Quando a nossa criança interior se sente isolada ou perde a confiança, é difícil desencadear este processo de libertação e desapegar-se. Ela precisa ser reconhecida, escutada e tranquilizada; em outras palavras, ela precisa ser amada.

ATENÇÃO PLENA

Exercício | **270**

Exercício *zen*: quando você está com dificuldades de concentração

- Sente-se diante da pia no banheiro ou da cozinha.
- Abra ligeiramente a torneira e deixe um fio fino de água fresca cair no centro da palma de sua mão durante dois minutos.

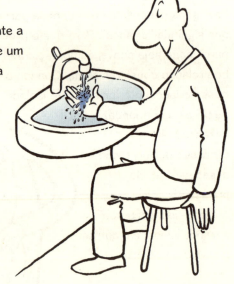

Exercício 271

SENTIMENTOS

O que significa empatia?

O aspecto mais importante da empatia é o tipo de presença que oferecemos. Ser empático significa ver o outro como ser humano e estabelecer uma espécie de conexão com ele.

RELAXAMENTO

Exercício 272

Para refletir e colorir

A vida não é cor-de-rosa nem cinzenta, é colorida.

É o nosso olhar que permanece no belo ou no feio, no positivo ou no negativo.

Exercício 273

FELICIDADE

"É importante ter sonhos suficientemente grandes para não perdê-los de vista enquanto os perseguimos."

(OSCAR WILDE)

AMIZADE

Exercício 274

 Você é um bom amigo?

O seu comportamento revela se a sua vida social é harmoniosa ou complicada. Duas respostas são possíveis.

Amigos pedem um favor a você. Como você reage?

1. Por que sempre perguntam a mim? ❑
2. Esta é a terceira vez. Agora chega, eu negarei. ❑
3. Está bem, mas numa próxima oportunidade também lhes pedirei para cuidarem dos meus filhos. ❑
4. Eu não posso, mas encontrarei outra solução para eles. ❑
5. Em casos urgentes, sempre poderão contar comigo. ❑

Solução: As **respostas 4 e 5** são "corretas". Ser sincero ao dizer que não pode, mas encontrar uma solução, ou confirmar é o que se espera de um amigo.

Exercício | **275** DESAPEGO

Desapegue-se!

Recorte as afirmações abaixo e, nos próximos dias, adote sempre uma delas.

| Hoje não acusarei ninguém de nada. | Hoje me livrarei de coisas inúteis. | Hoje me desapegarei de uma regra inútil. |

| Hoje aceitarei o fato de não ser perfeito. | Hoje me concentrarei no amor. | Hoje é o único dia que conta. |

| Hoje eu me doarei sem esperar nada em contrapartida. |

ATENÇÃO PLENA

Exercício 276

Exercício de atenção plena: andar guiado

- Faça um passeio de olhos fechados e de mãos dadas com uma pessoa em quem confia para guiá-lo.
- Não converse, concentre-se totalmente em suas sensações.
- Preste atenção em áreas tensionadas, suas resistências, seus medos (por exemplo, ao ouvir um carro ou sentir o seu pé batendo contra uma pedra).
- Mergulhe na experiência, ligue-se aos seus sentidos e entregue-se totalmente a este momento.

Exercício | **277**

SENTIMENTOS

"Preocupar-se não diminui em nada o sofrimento da manhã, mas rouba a força do dia."

(CORRIE TEM BOOM)

AUTOCONHECIMENTO Exercício **278**

Lição Ho'oponopono: pedir desculpas

A "purificação do Ho'oponopono" desfaz os sentimentos de culpa dentro de nós, aqueles que havíamos projetado em outras pessoas. Ao corrigir os nossos equívocos mentais, perdoamos a nós mesmos. Veja o dedo indicador de uma mão estendida acusando e apontando para outra pessoa. Observe os outros três dedos, dobrados para trás e apontando outra direção: para você mesmo. Isto significa dizer que julgar os outros envolve igualmente julgar a si próprio. Os erros que vemos nos outros apenas espelham os nossos próprios erros.

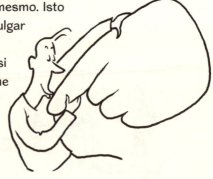

Exercício 279

AMIZADE

"A amizade não espera contrapartida – apenas um pouco de cuidado."

(GEORGES BRASSENS)

RELAXAMENTO

Exercício | **280**

Fique deitado na cama!

Adote uma respiração mais profunda, uma expiração mais lenta e demorada que se encerra no ventre, abaixo do umbigo. A inspiração, então, acontece automaticamente. Uma respiração assim é uma ótima ferramenta para fornecer oxigênio suficiente ao nosso corpo, mas principalmente para canalizar melhor o nosso universo mental. "Respirar conscientemente" e "ser conscientemente" andam juntos: ao respirar desta maneira, você se encontra em um estado de pura atenção. Este exercício pode ser realizado em qualquer lugar: no escritório, no metrô, ao andar na rua...

NO SEU TEMPO

Exercício | **281** ATENÇÃO PLENA

Respirar conscientemente

Adote uma respiração mais profunda, uma expiração mais lenta e demorada que se encerra no ventre, abaixo do umbigo. A inspiração, então, acontece automaticamente. Uma respiração assim é uma ótima ferramenta para fornecer oxigênio suficiente ao nosso corpo, mas principalmente para canalizar melhor o nosso universo mental. "Respirar conscientemente" e "ser conscientemente" andam juntos: ao respirar desta maneira, você se encontra em um estado de pura atenção. Este exercício pode ser realizado em qualquer lugar: no escritório, no metrô, ao andar na rua...

Exercício 282 — SENTIMENTOS

Ouse dar o primeiro passo!

"Uma viagem de mil milhas começa sempre com o primeiro passo."

(LAOZI)

Exercício **283** RELAXAMENTO

O meu lugar no mundo

Cole uma peça de quebra-cabeças sobre um pedaço de cartolina. Recorte e use-a para meditar sobre o seu lugar singular no mundo.

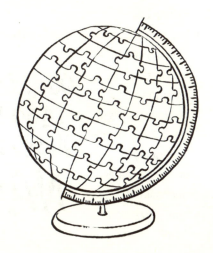

AMIZADE

Exercício 284

A questão do dizer "não"

- Quando não estamos centrados, o nosso "não" dificilmente será dito com leveza, tampouco será aceito desse modo.
- Quando ficamos divididos, sem dizê-lo, muitas vezes somos mal compreendidos porque a nossa postura é indefinida.
- Enquanto a palavra "mas" desfaz o que foi dito anteriormente, a expressão "ao mesmo tempo" acrescenta algo.
- Dizer "não" é mais fácil quando conhecemos as necessidades às quais dizemos "sim".

Exercício | **285**

FELICIDADE

Realizar sonhos

Reserve um tempo para si e pergunte-se:
O que me atrai na vida?
O que realmente me anima?

Enumere passos concretos que deseja dar para alcançar o que o atrai. Mesmo que esta lista lhe pareça pouco realista, planeje realizar ao menos uma ação que você listou no decorrer da próxima semana.

AUTOCONHECIMENTO — Exercício 286

Lição Ho'oponopono: desenvolver a ligação com a alma

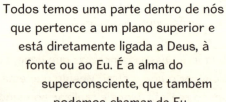

Todos temos uma parte dentro de nós que pertence a um plano superior e está diretamente ligada a Deus, à fonte ou ao Eu. É a alma do superconsciente, que também podemos chamar de Eu superior.

Quando decidimos libertar as nossas lembranças, entregamo-las à nossa alma e ao divino para que sejam transformadas. Quanto mais prática adquirimos, mais desenvolvemos a confiança nesta parte que sabe, melhor que a nossa razão, o que é bom para nós.

Exercício | **287**  DESAPEGO

Faça uma faxina!

As coisas, muitas vezes, vão se acumulando por anos, sem que nos demos conta. Reserve um tempo para vender bicicletas infantis que se tornaram pequenas demais, e arrume os galpões e depósitos (garagem, sótão, oficina...) onde você guardou.

E do que você se desapegou até agora?

....

....

ATENÇÃO PLENA

Exercício 288

"Ao inspirar,
sei que estou
inspirando,
ao expirar,
sei que estou
expirando."

(BUDA)

Exercício | 289 — SENTIMENTOS

Exercício *zen*: como lidar com sentimentos negativos

Os sentimentos só se tornam "negativos" quando tentamos esquecê-los ou reprimi-los sem compreender o seu benefício.

- Em uma folha de papel, anote os dez sentimentos negativos que você tem com maior frequência.
- Em seguida, anote ao lado de cada sentimento o seu benefício. A raiva, por exemplo, serve para abandonar ou limpar uma situação prejudicial, a tristeza serve para encerrar um capítulo e seguir em frente, o medo serve à cautela...
- Quando, ao despertar do sentimento, você se recordar do seu benefício, ele não poderá mais oprimi-lo.

Lição Ho'oponopono: o perdão Ho'oponopono

Perdoar significa corrigir os nossos equívocos mentais. "Há um caminho simples para encontrar a porta ao verdadeiro perdão e perceber que ela se abre amplamente à aceitação. Ao sentir que, de certa forma, está tentado a acusar alguém de um pecado, então não permita que a sua mente permaneça ao lado de quem você acredita tê-lo cometido, porque isto é autoenganação. Ao invés de fazê-lo, pergunte-se: 'eu me acusaria por isto?'".

Exercício | **291**  AMIZADE

Apreço

Grandes relacionamentos através de pequenas atenções! Acontecimentos aparentemente triviais semeiam profunda confiança na vida de uma pessoa. Uma frase ou um sorriso pode nos marcar por toda a vida. Motivação e apreço são vitaminas de que toda pessoa necessita, mas às quais não tem coragem de pedir.

FELICIDADE | Exercício | 292

Prolongar momentos alegres

Durante dois minutos, mergulhe em uma recente lembrança agradável. Perceba os seus sentimentos, viva-os novamente e desfrute-os. Use os seus cinco sentidos para conferir a este momento toda a sua amplitude.

Que tal manter um diário de boas notícias para você registrar este momento?

Exercício | **293** — ATENÇÃO PLENA

Vá passear um pouco!

Você se sente oprimido, dividido entre mil ideias sobre as quais perdeu o controle. Reserve aproximadamente vinte minutos para um belo passeio pelo seu bairro, na natureza... Durante o trajeto, expire e inspire o mais lenta e profundamente possível, e observe atentamente os detalhes de seu entorno.

RELAXAMENTO — Exercício 294

Para refletir e colorir

O desapego é uma tarefa fácil e me preenche de energia.

Exercício 295

ATENÇÃO PLENA

"Ao andar, ande.
Ao sentar, sente.
E, principalmente:
não vacile."

(YUNMEN)

SENTIMENTOS | Exercício | 296

Com paciência até o fim

Ao correr atrás de um objetivo, é importante que você deseje profundamente alcançá-lo. No entanto, é igualmente imprescindível desapegar-se internamente do resultado para desfrutar do momento presente. Por mais difícil que possa parecer, este equilíbrio é possível. É preciso que você se conscientize de que a sua felicidade não depende unicamente do objetivo, mas que a carrega dentro de si durante todo o percurso. Se não tiver tanta pressa, a sua visão se tornará mais clara, e você escolherá com maior cautela os recursos que se apresentam ao longo do caminho.

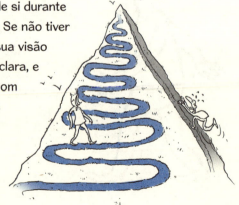

Exercício | **297** — RELAXAMENTO

Para refletir e colorir

Vários pequenos passos levam ao objetivo!

AMIZADE

Exercício | 298

Encontro com novos amigos: dicas para os tímidos

- Pense em alguns assuntos interessantes para conversar.
- Liste os programas de que gosta, tanto faz quais. Dê um pouco de asas à imaginação.
- Vá a palestras e grupos de conversação, faça um curso de dança, torne-se membro de um grupo de leitura ou escrita... Informe-se para poder conversar despreocupadamente a respeito.

Exercício | **299** FELICIDADE

Obrigado!

A gratidão ajuda a ver o lado bom das coisas.
A gratidão ajuda a estabelecer comparações vantajosas.
A gratidão ajuda a valorizar o que se tem.
A gratidão motiva os outros a darem o melhor de si.
A gratidão estimula bons relacionamentos.

Sem o menor risco.
Sem o menor efeito
colateral.

SENTIMENTOS | Exercício | **300**

Substituir pensamentos negativos por positivos

Quando espantamos os pensamentos negativos e os substituímos por positivos, estes prevalecerão. Antes de se livrar dos malefícios dos pensamentos ruins, é preciso analisá-los a fundo e dar-lhes uma resposta.

Faça uma lista dos pensamentos negativos que lhe vierem à mente e responda a cada um deles com um pensamento positivo.

Exercício | **301** ATENÇÃO PLENA

Exercício *zen*: a técnica do pote de arroz

Praticando este exercício (uma vez por semana), você poderá treinar a sua paciência e tranquilizar a sua mente.

- Pegue dois copos do mesmo tamanho. Encha um deles com arroz até o topo.
- Em seguida, coloque os grãos de arroz um a um no outro copo, contando-os.
- Anote o resultado.
- Depois, repita o procedimento no sentido inverso e verifique se o resultado é o mesmo.

SENTIMENTOS Exercício 302

Desapegar-se do passado

Você não pode mudar o passado. Portanto, de nada adianta carregar as coisas das quais se arrepende como um fardo. Você não controla o futuro, e o espectro de possibilidades permanece aberto, desde que os seus temores e dúvidas não o restrinjam. De nada adianta, então, preocupar-se. É apenas no presente que tudo ainda é possível, e a lei da atração, eficaz. Ao perceber atentamente cada momento, você conseguirá notar os recursos disponíveis e empregá-los a favor do alcance de seus objetivos.

Exercício | **303** FELICIDADE

Observe os seus pensamentos!

- Programe um despertador para tocar daqui a cinco minutos.
- Acomode-se e feche os olhos.
- Inspire e expire profundamente de duas a três vezes, então observe os seus pensamentos sem julgá-los, analisá-los ou segui-los. Observe-os e apenas permita a sua presença. Veja-os como nuvens que passam no céu. Não vá atrás deles!

Coragem para dizer "não"

Anote como você faria para **DIZER "NÃO"** em uma situação na qual, até então, sempre disse "sim", apesar de absolutamente não querer. Como você se sente com a ideia de correr este risco – de causar polêmica e furor – que, até agora, sempre soube evitar?

Exercício | **305** SENTIMENTOS

"O que você pensa e sente,
e o que se manifesta,
é sempre idêntico."

(ESTHER HICKS)

DESAPEGO

Exercício | **306**

Finalmente livre dos sentimentos de culpa

Muitas situações mal resolvidas desgastam a nossa vida.

- Eu deveria ter dito...
- Eu não deveria ter emprestado isso a ele...
- Se eu tivesse...

Isto lhe parece familiar? Então pegue agora o seu telefone e marque um encontro com esta pessoa. **Fale sobre o que lhe aflige – de uma vez por todas!**

Exercício | **307**

ATENÇÃO PLENA

Meditação com música

Coloque um CD para tocar, com música tranquila e sem canto, e acomode-se. Assegure-se de que você não será interrompido. Acompanhe cada variação e cada evolução desta música, procure identificar cada um dos instrumentos, permita-se ser totalmente envolvido pelo som. Mantenha os olhos fechados. Ao mesmo tempo, fique atento às escapadas da mente, quando ela começa a sonhar e não está mais com a música. Retorne sempre para os sons. Utilize a respiração a seu favor.

RELAXAMENTO — Exercício | **308**

Para refletir e colorir

"Precisamos ser a mudança que desejamos para o mundo."

(GANDHI)

Exercício | **309** DESAPEGO

Truque de faxina para quando você tiver dificuldade de desapegar-se das coisas

Você sempre encontrará objetos dos quais absolutamente não precisa, mas que, ainda assim, não quer jogar fora. Coloque todos em uma caixa, anote a data atual e guarde-a. Se, após um ano, você não tiver sentido falta de nada que está na caixa, pode jogá-la fora — sem sequer voltar a abri-la (assim, não terá remorso). Como você nem saberá mais o que há na caixa, não correrá o risco de sentir falta.

AMIZADE

Exercício | **310**

Encontro com (novos) amigos

Anote tudo que o deixa de bom humor antes de receber alguém em casa.

- Ao vestir-me, coloco o meu CD preferido para tocar.
- Não atendo o telefone se for alguém inoportuno.
- Um banho de espuma, um programa relaxante.
- Não começo a arrumar e limpar no último momento. O meu sorriso é mais importante do que um piso de madeira recém--encerado.

Exercício | **311**

FELICIDADE

O que gera alegria de viver?

Certo ou errado?

	Certo	Errado
1. Viver com alegria fortalece o sistema imunológico.	( )	( )
2. Sentimentos negativos e positivos são contagiantes.	( )	( )
3. Dor ou alegria em excesso são estressantes para o organismo.	( )	( )
4. A alegria de viver não pode ser alcançada de uma vez; é uma missão na vida desenvolvê-la e mantê-la.	( )	( )
5. Podemos estar alegres ou irritados; é assim. É uma predisposição, não há o que fazer.	( )	( )

Solução: As respostas 1, 2, 3 e 4 são "certo"; a resposta 5 é "errado".

AUTOCONHECIMENTO | Exercício | 312

Lição Ho'oponopono: o desapego

O "desapego dos balões" é uma fase fundamental do Ho'oponopono. Depois disto, não precisamos fazer mais nada.
Apenas duas questões precisam ser observadas: assumir 100% a responsabilidade por tudo em nossas vidas e, em seguida, confiar a transformação de nossos pensamentos equivocados à inteligência universal.
Este desapego pode ser representado pelo gesto de "apertar o botão", que inicia o processo de purificação.

Exercício | 313

ATENÇÃO PLENA

O nosso mestre de meditação é a respiração

Uma história do Extremo Oriente ilustra muito bem esta afirmação. Nela, a postura sentada é comparada a uma montanha. As diversas nuvens, mais ou menos densas, que envolvem a montanha são os pensamentos a correrem em todas as direções e turvarem a nossa mente. O vento que sopra em direção à montanha, impulsionando e desfazendo as nuvens de modo a revelar o céu azul (da consciência), é a nossa respiração.

FELICIDADE

Exercício | **314**

"Quem pensa a sua felicidade, a encontra."

(JEAN PRIEUR)

Exercício | **315** RELAXAMENTO

Para fazer uma pausa e colorir

AMIZADE

Exercício | **316**

"O que vemos em nosso presente
é apenas o efeito residual de nossos
pensamentos e atitudes passados."

(JAMES ARTHUR RAY)

Exercício | **317**

FELICIDADE

O dinheiro sufoca a gratidão

Não se deixe contagiar pela ideia ilusória de que as coisas são suas por direito. Não se esqueça da sorte que você tem de poder se beneficiar do trabalho alheio. E lembre-se de que as coisas realmente importantes não podem ser compradas: amor, saúde...

 O que é importante para você e que jamais poderá comprar?

- ....
- ....
- ....
- ....

RELAXAMENTO

Exercício 318

Não faça muitas coisas simultaneamente!

Durante um dia, deixe de lado todos os princípios da gestão do tempo baseados em eficácia e otimização, e conscientize-se do momento atual: não leia na banheira, não ouça rapidamente as notícias durante o café da manhã, não comece uma conversa ao telefone enquanto cozinha. Parece simples, mas é mais difícil colocar em prática do que se imagina.

Exercício | 319

SENTIMENTOS

Exercício *zen*: contra o estresse

Sorria quanto mais você puder, mesmo que não esteja com vontade. Ao sorrir, você ativa quarenta e dois músculos faciais que emitem sinais eletroquímicos para o sistema nervoso vegetativo, regulando determinadas funções corporais, como a respiração, o batimento cardíaco e a tensão muscular. Este processo também libera endorfina, o famoso "hormônio da felicidade", no cérebro. O efeito é imediato!

DESAPEGO

Exercício | **320**

Faça uma faxina!

Ah, os primeiros resfriados e gripes no começo do inverno! Está na hora de garimpar a farmácia caseira e separar todos os remédios vencidos. Aproveitando, vá para o banheiro e libere o seu armário dos produtos que foram se acumulando durante o verão, particularmente cosméticos que, após um ano, já não estão na validade. Fique apenas com o essencial para cuidar de si durante o inverno enquanto aguarda o retorno dos belos dias.

E do que você se desapegou até agora?

....

....

Exercício 321

ATENÇÃO PLENA

"A nossa respiração é o elo entre o corpo e a mente, é o que equilibra o corpo e a mente e permite a sua união. A respiração volta-se tanto para o corpo quanto para a mente; ela, por si só, é a ferramenta que pode unir ambos, clareando-os e preenchendo-os com paz e serenidade."

(TCHICH NHAT HANH)

SENTIMENTOS

Exercício | 322

Gosto pelo risco

Quem aprende a correr enfrenta o risco de cair; e cair pode ser mais uma lição para aperfeiçoar a corrida. A derrota se instala quando atraímos uma situação que não queríamos. É importante não se concentrar no medo de falhar, mas no resultado que se deseja alcançar.

Futuramente, sempre olhar para a frente!

Exercício | **323**

AMIZADE

"Amizade é quando as pessoas
se conhecem bem e,
ainda assim, gostam umas das outras."

(SABEDORIA DE VIDA)

FELICIDADE

Exercício 324

Desenvolva um olhar diferente!

Mude a sua forma de pensar: seja mais otimista!
O importante é ver as coisas pelo lado positivo.

Exercício | **325**

AUTOCONHECIMENTO

Lição Ho'oponopono: "Eu sinto muito"

Na vida diária, desculpamo-nos com estas palavras por aquilo que fizemos a outras pessoas. Ao praticar o Ho'oponopono, tudo acontece internamente. Direciono estas palavras a mim mesmo e, enquanto as falo, percebo que sou 100% responsável.

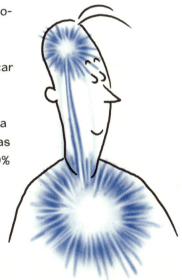

ATENÇÃO PLENA

Exercício | 326

O que você sabe sobre a meditação de atenção plena?

Certo ou errado?

	Certo	Errado
1. Para meditar com atenção, é preciso parar de pensar.	( )	( )
2. Meditar significa entregar-se aos seus sonhos.	( )	( )
3. Meditar significa refletir por muito tempo.	( )	( )
4. A meditação de atenção plena é um exercício religioso.	( )	( )

Solução: Para as **afirmações 1 a 4**, a resposta é sempre "errado"; trata-se de uma lista de preconceitos sobre a meditação de atenção plena.

Exercício | **327** — SENTIMENTOS

Emane energia positiva!

Os pensamentos transformam-se em palavras. As palavras, em atitudes. As atitudes transformam-se em hábitos. Os hábitos moldam o nosso futuro.

RELAXAMENTO Exercício **328**

Para refletir e colorir

"O essencial é o seu olhar. E mudar o olhar não custa nada. Se você mudar o seu olhar, a situação muda."

(ANNE VAN STAPPEN)

Exercício | **329** — AMIZADE

Quem escolhe a sua companhia é você

Você tem a sensação de que está sempre acompanhado por mal-humorados, chorões e pessimistas, enquanto as pessoas da mesa ao lado riem e conversam animadamente? A decisão é sua: escolha cuidadosamente o seu ambiente. A sensibilidade necessária para tal pode ser aprendida e aprimorada com a experiência. Assim, logo você não errará mais ao eleger o seu lugar e os seus contatos.

FELICIDADE

Exercício | **330**

"Amar pelo amor – eis o que importa! Não amar, porque... O amor de que necessitamos já está em nós e deseja expressar-se. Nós escolhemos o amor ao nos abrirmos para esta parte em nós em que o amor já reside. Este espaço emana verdadeira beleza e alegria."

(MARIE-PIER CHARRON)

Exercício | **331** AUTOCONHECIMENTO

Lição Ho'oponopono: "Por favor, perdoe-me"

"Perdoar" contém a palavra "doar"; é uma dádiva. Ao doar todos os julgamentos, interpretações e mágoas decorrentes de lembranças do passado, abrimos o nosso coração e permitimos que eles sejam transformados em luz. Ao pedir perdão ou desculpas, pedimos que todos os nossos equívocos mentais causados pelas lembranças sejam corrigidos.

ATENÇÃO PLENA

Exercício 332

O turbilhão da mente

A dança de tudo o que passa pela nossa cabeça, comumente, gira em círculos. As mesmas coisas, as mesmas fantasias, os mesmos sentimentos de arrependimento, as mesmas esperanças e medos são agitados repetidas vezes em um círculo infinito. Quando você se conscientizar deste processo, bastará observar o círculo como se estivesse sentado diante da televisão e concentrar-se em sua respiração. Logo o turbilhão irá se desfazer, e os seus pensamentos entrarão em um fluxo tranquilo.

Exercício | 333 SENTIMENTOS

Assumir a responsabilidade

Reconheça a sua parcela de responsabilidade em tudo que acontece com você em sua vida. Reconheça que você atrai experiências positivas da mesma forma que problemas. Você não pode atribuir a culpa a ninguém em determinadas situações.
Descreva um acontecimento que você considera particularmente negativo e anote qual a sua parcela de culpa.

FELICIDADE

Exercício 334

 A que você quer dar atenção?

Lembre-se: não vemos tudo, apenas uma parcela da realidade.

Eu decidi prestar atenção:
- À generosidade das pessoas.
- À beleza da natureza.
- ....
- ....

Ao invés de dar atenção:
- Ao egoísmo das pessoas.
- Às alterações climáticas.
- ....
- ....

Exercício 335 — AUTOCONHECIMENTO

Lição Ho'oponopono: "Obrigado"

A gratidão é a melhor oração que existe. Agradecemos pela situação, que é a manifestação de lembranças inconscientes, pois através dela podemos iniciar o processo da transformação. Assim, tudo se converte em uma oportunidade para "purificar".

Ao dizer **obrigado** à vida, a sua oração irá escutá-lo e lhe dará ainda mais razões para continuar a expressar essa preciosa palavra.

ATENÇÃO PLENA

Exercício 336

"Quando os processos espirituais e mentais se tranquilizam, a mente torna-se transparente como um cristal que reflete a relação entre reconhecedor, reconhecer e reconhecido. Esta união e esta penetração são denominadas 'união observadora'".

(PATAÑJALI, YOGASUTRA)

Exercício | **337** | SENTIMENTOS

Exercício *zen*: quando você estiver à beira de um colapso nervoso

- Mergulhe uma toalha pequena em água morna (não quente demais!). Torça-a.
- Deite-se. Feche os olhos e abra a toalha sobre o seu rosto.
- Apoie as suas mãos lateralmente sobre os seus quadris.
- Respire lenta e profundamente; concentre-se em seu diafragma. Não pense em nada além da sua respiração, ouça-a...

Faça este exercício até a toalha esfriar.

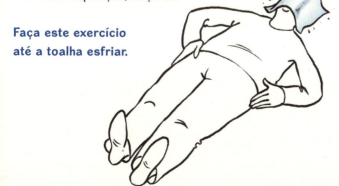

Para fazer uma pausa e colorir

Exercício | **339** RELAÇÃO AMOROSA

 # Expressar sentimentos com responsabilidade

Transforme as afirmações que contêm um julgamento em afirmações responsáveis.

Você faz com que eu me sinta mal.
➡ Eu ....

Por que você sempre quer me aborrecer?
➡ Eu ....

Você é realmente muito rigoroso e inflexível!
➡ Eu ....

Você sequer percebe o mal que me faz.
➡ Eu ....

AMIZADE

Exercício | 340

A postura "ativa-construtiva"

Você tende a reagir a notícias boas com indiferença? Experimente adotar uma postura **"ativa-construtiva"** da próxima vez que alguém relatar um acontecimento positivo. **Com esta postura, você reforçará o efeito da notícia e estará nutrindo a relação.**

1. Preste atenção na pessoa de forma ativa e compreensiva.
2. Demonstre com sinceridade a sua alegria e entusiasmo.
3. Faça perguntas construtivas relativas a este acontecimento, por exemplo: "como você se sentiu neste momento?".
4. Toque no assunto em uma conversa posterior para prolongar a duração do efeito positivo do acontecimento.

Exercício | **341** AUTOCONHECIMENTO

Seja bom com você mesmo!

Para isso, entre outros cuidados, é necessário que você **perceba com atenção...**

- O seu corpo.
- Os seus sentimentos e as suas necessidades.

FELICIDADE

Exercício 342

"É bem provável que nenhum pensamento, por mais fugaz ou menos assumido que seja, entre no mundo sem deixar rastros."

(CESARE PAVESE)

Exercício | 343  ATENÇÃO PLENA

Exercício de atenção plena: tomar decisões

Hoje em dia, sabe-se que os sentimentos têm grande influência sobre as nossas decisões. Sendo assim, é justamente nas decisões difíceis que devemos parar e perceber conscientemente o que se passa dentro de nós. Pense em uma decisão que você tomou há pouco tempo, por exemplo, em uma nova aquisição, e pergunte-se o seguinte:

- Você tomou esta decisão de forma automática ou consciente?
- Você estava no controle de seus pensamentos, sensações e sentimentos ou deixou-se levar automaticamente por eles? No momento da decisão, estava consciente do que sentia e pensava?

SENTIMENTOS

Exercício | **344**

"Sem a meditação, você é como um cego em um mundo de grande beleza, pleno de luz e cores."

(JIDDU KRISHNAMURTI)

Exercício | **345** RELAXAMENTO

Para refletir e colorir

Ao aceitar plenamente as emoções dolorosas, elas se transformam. Aquilo a que nos opomos se mantém.

AMIZADE

Preste atenção nos outros!

São poucas as pessoas, hoje em dia, que têm a habilidade de realmente prestar atenção no que os outros dizem. Na próxima oportunidade, experimente apenas estar atento ao seu interlocutor, ao invés de tentar se pronunciar. Esqueça as suas próprias preocupações, esqueça-se de si próprio. Apenas responda se perguntado. Seja atento e receptivo às questões do outro.

Exercício | **347** FELICIDADE

Você sabia?

Sorte atrai sorte. Em uma pesquisa, perguntaram se os participantes se consideravam sortudos. Em seguida, eles foram solicitados a contar as fotos em uma revista na qual foi inserido o seguinte texto publicitário: "se você ler este comunicado, informe ao coordenador da pesquisa e ganhe cem euros". Apenas as pessoas que afirmaram serem sortudas viram o comunicado e pediram pelo dinheiro. As que se não se consideravam sortudas sequer viram o anúncio, de tão ocupadas que estavam contando as fotos.

Exercício 348

"Não corra atrás da vida:
ela continua esperando atrás de você."

(ERIK PIGANI)

Exercício | **349**

AUTOCONHECIMENTO

Lição Ho'oponopono: "conceitos e frases"

Você pode utilizar algumas palavras para iniciar o processo de purificação como, por exemplo, "Ho'oponopono".

Ho'o – causar algo, fazer com que um coisa aconteça.
Pono – correto, perfeição (repetir duas vezes reforça a intenção).

Nós repetimos esta palavra para fazer o que é correto, para causar a perfeição. Você pode empregá-la para desencadear o processo de libertação das lembranças.

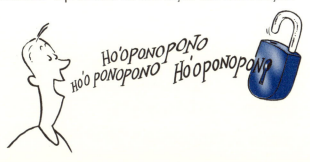

AMIZADE

Exercício | **350**

"Amizade é amor sem as suas asas."

(LORD BYRON)

Exercício | **351** SENTIMENTOS

Você sabia?

Querer evitar os sentimentos é uma opção pouco eficaz. Um acontecimento externo pode ser comunicado, controlado ou evitado. No entanto, é impossível afastar acontecimentos internos como pensamentos ou sentimentos. Está tática é inclusive problemática: pesquisas revelaram que evitar emoções não apenas é ineficaz, como também pode ter o efeito paradoxal de aumentar o mal-estar em médio ou longo prazo.

FELICIDADE

Exercício | **352**

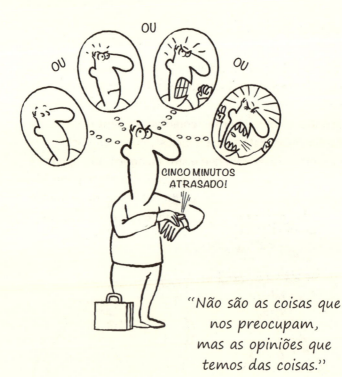

"Não são as coisas que nos preocupam, mas as opiniões que temos das coisas."

(EPÍTETO)

Exercício | **353** AUTOCONHECIMENTO

Lição Ho'oponopono: "Eu clareio"

A frase **"eu clareio"** pode ser usada para desencadear o processo de purificação e para limpar todas as situações de crise. Com ela, você pode esclarecer e melhorar a energia ou a atmosfera em uma situação de conflito, trazendo luz e clareando a situação.

DESAPEGO

Exercício | **354**

Faça uma faxina!

O Natal está chegando? Por que não separar a variada decoração natalina e os enfeites feitos pelas crianças no ano anterior que, neste ínterim, já desbotaram? Os preparativos para visitas de parentes são uma boa oportunidade para se desapegar da louça usada em ocasiões especiais e da roupa de cama, mesa e banho: lençóis, toalhas, toalhas de mesa e guardanapos... Ensine os seus filhos a compartilhar e a pensar em outras pessoas, escolhendo brinquedos bem conservados que, por intermédio de organizações de caridade, poderiam fazer outras crianças felizes.

E do que você se desapegou até agora?

....

....

Exercício | **355** AMIZADE

Os nossos sentimentos originam-se das nossas necessidades

Quando você tem um sentimento bom, isso significa que uma de suas necessidades – ou mais – foi atendida. Quando a pessoa amada lhe der um presente, você muito provavelmente ficará feliz porque, com isso, a sua necessidade de atenção terá sido atendida.

AUTOCONHECIMENTO — Exercício | **356**

Receita médica para uma boa saúde

Exercício | 357

ATENÇÃO PLENA

Meditar sempre e em toda parte

É possível meditar durante qualquer tarefa, basta observar se estamos presentes no que fazemos. Isto poderia se transformar em uma brincadeira de busca pela atenção ao presente que vivemos. Ao perceber quando perdemos o contato com a realidade, quando somos tomados pelo turbilhão mental, podemos retornar à superfície imediatamente e voltar a consciência para o momento atual.

AMIZADE

Exercício 358

Vivenciar os nossos valores agora

Imagine que este seja o seu último dia na Terra. O que diria para as pessoas que lhe são importantes? Agora que você já não teria medo de ser julgado ou de sofrer, o que diria ao se abrir para os seus sentimentos?

....
....
....
....
....
....
....

Exercício | **359** ATENÇÃO PLENA

Exercício *zen*: transforme-se naquilo que você come!

Penetre em cada sabor que você escolher como alimento para consumir.

- Mastigue lentamente até triturar tudo. Perceba quão instável é a sua mente, intrometendo-se em sua atividade. Mas lembre-se de que você não come os seus pensamentos, mas aquilo que está à sua frente.
- Concentre-se no seu verdadeiro alimento. Ele está em seu prato e em sua boca, mas não em sua cabeça!

Exercício 360

Para fazer uma pausa e colorir:

Exercício | **361** ATENÇÃO PLENA

Você sabia?

Os ensinamentos da sabedoria ocidental comparam a nossa mente, o fluxo interno de imagens, pensamentos e sentimentos, com um macaco louco. Tranquilizar este tumulto contínuo que enturva a nossa consciência – eis o primeiro objetivo da meditação! Mais do que apenas uma técnica, a meditação é, acima de tudo, um estado mental, uma consciência modificada, uma transformação do modo como vivenciamos o mundo.

DESAPEGO   Exercício | **362**

Regras de ouro para a faxina

Faça um balanço da sua vida: onde você perde energia?

Com bom humor, a faxina é mais fácil.

Mova-se sempre do menor para o maior, do mais simples para o mais complexo.

Guarde o que possui valor pessoal para você, o que acha bonito. Jogue fora o que você simplesmente aceita, o que atrapalha seu olhar e sua mente.

Exercício | **363**

AMIZADE

Como funciona a amizade

"A única forma de ter amigos é ser um."

(RALPH WALDO EMERSON)

SENTIMENTOS | Exercício | **364**

O sentido da vida

"Não se trata jamais do que ainda esperamos da vida, mas simplesmente disto: do que a vida espera de nós. Não devemos mais apenas perguntar pelo sentido da vida, mas perceber a nós mesmos como os interrogados, como aqueles a quem a vida diariamente e a cada hora faz perguntas."

(VIKTOR FRANKL)

Exercício | **365** RELAXAMENTO

Permita-se uma massagem!

A massagem, ao mesmo tempo arte, estilo de vida saudável e terapia, tem qualidades importantíssimas: alivia desconfortos nas costas e determinadas dores, melhora a circulação do sangue e da linfa, leva oxigênio às células e à pele, aumenta a energia...
Permita-se este intervalo – um verdadeiro presente para você mesmo.

Índice dos exercícios

Autoconhecimento

(1/10/13/25/30/32/41/52/56/60/73/77/91/93/97/109/
122/128/133/139/144//146/152/164/167/177/179/183/195/
202/214/219/225/236/251/254/256/262/269/278/286/
304/312/325/331/335/341/349/353/356)

Desapego

(2/17/24/33/40/47/55/61/79/86/98/108/110/115/123/142/
159/172/189/200/218/223/226/233/241/249/257/263/
275/287/306/309/320/348/354/362)

Relaxamento

(5/15/36/45/49/83/94/117/126/136/148/155/168/175/188/
192/203/208/217/229/239/244/248/266/272/280/283/
294/297/308/315/318/328/338/345/360/365)

Amizade

(6/11/18/22/39/43/46/64/70/84/89/95/101/112/130/134/
137/141/156/158/162/169/176/186/193/198/204/209/224/
230/234/238/245/260/267/274/279/284/291/298/310/
316/323/329/340/346/350/355/358/363)

Felicidade

(7/9/21/26/29/38/44/51/59/65/71/76/80/82/96/102/
104/114/120/124/127/132/138/143/157/163/170/180/182/
187/194/205/210/213/220/235/240/250/255/261/268/
273/285/292/299/303/311/314/317/324/330/334/
342/347/352)

Atenção Plena

(3/8/12/14/20/27/34/37/48/53/58/62/67/69/72/78/87/
92/99/103/105/107/111/116/118/121/129/140/145/149/151/
153/160/165/173/178/181/184/190/196/201/206/211/215/
221/227/232/237/243/246/252/258/264/270/276/281/
288/290/293/295/301/307/313/321/326/332/336/
343/357/359/361)

 ## Sentimentos

(4/16/19/23/28/31/35/42/50/54/57/63/66/68/74/81/
85/88/90/100/106/113/119/125/131/135/147/150/154/161/
166/171/174/185/191/197/199/207/212/216/222/228/231/
242/247/253/259/265/271/277/282/289/296/ 300/
302/305/319/322/327/333/337/344/351/364)

 ## Relação Amorosa

(75/339)

Anotações

CULTURAL

Administração – Antropologia – Biografias
Comunicação – Dinâmicas e Jogos
Ecologia e Meio Ambiente – Educação e Pedagogia
Filosofia – História – Letras e Literatura
Obras de referência – Política – Psicologia
Saúde e Nutrição – Serviço Social e Trabalho
Sociologia

CATEQUÉTICO PASTORAL

Catequese – Pastoral
Ensino religioso

REVISTAS

Concilium – Estudos Bíblicos
Grande Sinal
REB – SEDOC

TEOLÓGICO ESPIRITUAL

Biografias – Devocionários – Espiritualidade e Mística
Espiritualidade Mariana – Franciscanismo
Autoconhecimento – Liturgia – Obras de referência
Sagrada Escritura e Livros Apócrifos – Teologia

PRODUTOS SAZONAIS

Folhinha do Sagrado Coração de Jesus
Calendário de mesa do Sagrado Coração de Jesus
Agenda do Sagrado Coração de Jesus
Almanaque Santo Antônio – Agendinha
Diário Vozes – Meditações para o dia a dia
Encontro diário com Deus – Guia Litúrgico

VOZES NOBILIS

Uma linha editorial especial, com importantes autores, alto valor agregado e qualidade superior.

VOZES DE BOLSO

Obras clássicas de Ciências Humanas em formato de bolso.

CADASTRE-SE
www.vozes.com.br

EDITORA VOZES LTDA.
Rua Frei Luís, 100 – Centro – Cep 25689-900 – Petrópolis, RJ
Tel.: (24) 2233-9000 – Fax: (24) 2231-4676 – E-mail: vendas@vozes.com.br

UNIDADES NO BRASIL: Belo Horizonte, MG – Brasília, DF – Campinas, SP – Cuiabá, MT
Curitiba, PR – Fortaleza, CE – Goiânia, GO – Juiz de Fora, MG
Manaus, AM – Petrópolis, RJ – Porto Alegre, RS – Recife, PE – Rio de Janeiro, RJ
Salvador, BA – São Paulo, SP